Bernt Federau
Jan Werner

Küste Mecklenburg-Vorpommern aus der Luft

Bernt Federau
Jan Werner

Küste Mecklenburg-Vorpommern aus der Luft

Delius Klasing Verlag

Inhaltsverzeichnis

	Seite
Einleitung	5
1 Auf den Spuren der Hanse Wismarer Bucht, Salzhaff und Rostock	6
2 Zum Fischland Die Boddengewässer von Darß und Zingst	32
3 Kreidefelsen und noch viel mehr Die Gewässer um Rügen	54
4 Etwas für jeden Der Greifswalder Bodden	80
5 Auf Strom und See Peenestrom und Achterwasser	100
6 Ganz weit im Osten Am Kleinen Haff	114
Polnische Häfen am Stettiner Haff	125
Register	126

Einleitung

Mehr als vierzig Jahre war den Westdeutschen die mecklenburg-vorpommerische Küste ein fernes, ja unerreichbares Ziel. Die Wismarer Bucht, die Boddengewässer, die Insel Rügen, das Stettiner Haff – das waren Reviere, die man nur aus Büchern kannte, vielleicht auch noch aus den Erzählungen Älterer. Über Nacht hat sich das geändert. Jetzt kann man das alles ansteuern und braucht nicht einmal die Gastlandsflagge zu setzen: Es ist unser Land, wir müssen über keine Grenze mehr, und plötzlich haben die Deutschen, aus Ost oder West, wieder ein ganz phantastisches Revier, und das direkt vor unserer Tür.

Freilich, wer zum erstenmal hinkommt, wird manches als unzulänglich empfinden, wird vielleicht auch enttäuscht sein. Den im Westen, auch im Ausland wie etwa in Dänemark gewohnten Komfort wird man vermissen. Von Yachthäfen oder Marinas gar nicht erst zu reden. Aber das wird fast immer durch die Herzlichkeit und Gastfreundschaft aufgewogen, mit der man aufgenommen wird.

Vieles wird sich bald ändern. Überall werden schon Pläne geschmiedet und Ideen entwikkelt. Mancherorts ist man auch schon dabei, sie in die Tat umzusetzen. Man kann nur hoffen, daß man bei all dem behutsam vorgeht und Anlagen baut, die sich harmonisch in die Landschaft einfügen. Von den Dänen beispielsweise mit ihren geschmackvollen Bootshäfen und Marinas könnte man da einiges lernen. Ich denke, daß auch über kurz oder lang die vielen, allzu vielen militärischen Sperrgebiete verschwinden werden, meine auch, daß aus dem einen oder anderen Militärhafen ohne großen Aufwand ein Bootshafen werden könnte.

Der Leser wird manchmal die gewohnte Genauigkeit der Information vermissen. Das ist beabsichtigt. Es ist eben alles in Bewegung und in Veränderung begriffen. Aber ich hoffe, daß man in ein paar Jahren dankbar für diese Dokumentation sein wird, wenn der Leser später dieses Buch mit seinen schönen Bildern in die Hand nimmt, um festzustellen: Ja, so war es einmal. Hoffen wir, daß sich dann in die Erinnerung kein Gefühl der Wehmut mischt.

Jan Werner

1 AUF DEN SPUREN DER HANSE

WISMARER BUCHT, SALZHAFF UND ROSTOCK

Timmendorf. Kleiner Hafen auf der Insel Poel. Der erste brauchbare Liegeplatz, wenn man von See kommend in die Wismarer Bucht einläuft. Unproblematisch, trotz der Flachs davor.

1 *Noch einmal Timmendorf mit seinem schönen Strand.*

2 *Wohlenberg. Einziger Hafen in der gleichnamigen Wiek. Ehemals Militärobjekt, jetzt frei zum Anlegen.*

3 *Kirchdorf, neben Timmendorf der andere Hafen auf Poel. Sehr geschützt. Die alte Backsteinkirche steht hoch überm Hafen, der in idyllischer Landschaft liegt.*

1

1 *Einfahrt in den Hafen von Wismar. Die Stege vor Wendorf gehören Wismarer Segelclubs. Wie man an der Färbung des Wassers sieht: sehr flach.*

2 *Hohen Wieschendorf. Ein Anleger in allem dem von Wohlenberg ähnlich. Ringsum ist es ziemlich flach. Man muß sich in der Rinne halten.*

3 *Wismar. Bootshafen für Werksangehörige der Mathias-Thesen-Werft. Nichts für Gastlieger.*

1

1 *Wismar: der Alte Hafen.*

2 *Der Markt von Wismar mit dem weißen Rathaus, einem klassizistischen Bau, der die ganze Nordseite abschließt. Rechts unten in der Ecke sieht man eben noch die „Wasserkunst“.*

3 *Die Georgenkirche von Wismar. Zum Aufbau der Kirche, die kurz vor Kriegsende zerstört wurde, fehlt das Geld.*

1 *An der Wismarer Bucht.*

2 *Ostseebad Rerik. Die Boote liegen im Salzhaff, das lange gesperrt war. Die Halbinsel Wustrow mit ihren militärischen Anlagen ist es nach wie vor. Man erkennt deutlich die Mauer, mit der die Halbinsel abgesperrt wird.*

3 *Die Große Wiek. Ein hervorragender Ankerplatz hinter der Halbinsel Boiensdorfer Werder. Im Hintergrund das Salzhaff und die Halbinsel Wustrow.*

Warnemünde, nach Norden zu. Linker Hand der Alte Strom, daneben der Fährhafen.

1

2

1 *Der Yachthafen von Warnemünde, den man aber nicht vom Alten Strom, sondern vom Neuen Strom aus erreicht.*

2 *Blick über Warnemünde.*

3 *Nochmals Warnemünde. Hinter dem Alten Strom das Ostseebad mit dem Alten Leuchtturm und dem „Teepott" daneben.*

4 *Warnemünde. Der gelbe Stahlturm steht auf dem Kopf der Mittelmole.*

5 *Rostock, ehemals größter Seehafen der DDR. Hier wurden im Jahr bis zu 20 Millionen Tonnen Waren umgeschlagen.*

3

4

5

1

1 Das Dorf Schmarl an der Westseite der Unterwarnow. Oben im Bild das „Traditionsschiff". Wer will, kann an dem U-förmigen Steg davor anlegen.

2 Rostock-Marienehe. Offener Bootshafen in wenig attraktiver Umgebung. Zur Stadt etwas weit.

3 Gehlsdorf-Nord. Stege des Segelclubs Warnow, außen gut 3 m Wassertiefe. Zum Ufer hin rasch abnehmend. Gute Versorgung. Wer in die Stadt will, muß mit der Fähre übersetzen.

2

3

1

1 *Gehlsdorf-Süd. Schöner gelegen als Gehlsdorf-N. Heimat mehrerer Segelclubs, darunter des traditionsreichen Rostocker Yachtclubs.*

2 *Neu ausgelegte Pontons im Stadthafen-Ost, vor den großen Speicherhäusern. Gute sanitäre Einrichtungen. Etwas laut wegen der Ausfallstraße.*

3 *Rostock-Kabutzenhof. Nahe beim Port Center.*

4 *Rostock-Haedgehafen. Das Bild zeigt deutlich, was hier stört: Staub und Dreck, außerdem sehr unruhig.*

1 *Blick über die Unterwarnow. Vorne links Gehlsdorf-Süd, rechts hinten die Pontons im Stadthafen-Ost. Die Altstadt liegt rechts davon.*

2 *Die Marienkirche, das bedeutendste gotische Bauwerk von Rostock (um 1230). Vom Turm aus hat man einen atemberaubenden Blick über Stadt und Hafen.*

3 *Die Nikolai-Kirche, etwas später begonnen als die Marienkirche, aber im Kern noch romanisch. Wurde nach westfälischen Vorbildern gebaut.*

Unser erster Törn zur Küste von Mecklenburg-Vorpommern führt uns zu zwei alten Hansestädten: zu dem versponnenen, malerischen Wismar und dem geschäftigen, pulsierenden Rostock. An der Wismarer Bucht gibt es noch manche Idylle zu entdecken. Beim Salzhaff können wir gut ankern. Von da aus nach Rostock geht es lange an einer ungeschützten Küste entlang, bis wir in Warnemünde unser Boot am Alten Strom wieder in einem sicheren Hafen wissen.

Die *Wismarer Bucht* ist an ihrer Mündung, zwischen der Halbinsel Wustrow und der Huk Groß Klützhoved, etwa vier Seemeilen breit. Davor aber erstrecken sich zwei sehr ausgedehnte und dazu noch mehrere kleine Flachs. Die beiden großen: im Westen der Sand *Lieps* und im Osten die *Hannibal-Bank.* Beide sind unangenehm, vor allem bei starken, auflandigen Winden, denn dann steht Brandung darauf. Sie sind auch voller Steine. Über den Hannibal kann man bei ruhigem Wetter getrost hinwegsegeln, denn er weist Wassertiefen auf, die für eine Yacht allemal reichen (Mindesttiefe 2,70 m). Anders bei der Sandbank Lieps, deren südliche Hälfte sehr wenig Wasser hat, zumeist weniger als 2 m, vor allem aber einen schmalen, trockenfallenden Sandrücken, der bis hart an das tiefe Wasser heranreicht und sich in nordwestlicher Richtung auf eine Länge von einer Seemeile erstreckt: eine tückische Ecke, zumal sie nicht betonnt ist.

Westansteuerung: Wer von Westen kommt, aus der Lübekker Bucht etwa, tut wirklich gut daran, die weit vor Land liegende Ansteuerungstonne „O-Tief" anzusteuern. Diese große, rot-weiße Leuchttonne (Glt.-4s, Position 54° 02'N 011° 18' E) markiert die westliche Ansteuerung in die Wismarer Bucht, das *Offentief,* das zwischen Lieps und Hannibal mit Kurs SW in die Wismarer Bucht hineinführt. Das Offentief hat genügend Wasser (5 m in der Rinne), so daß man auch bei unhandigem Wetter gut hindurchkommen müßte. Immer vorausgesetzt, daß man sich in der Rinne hält, die allerdings etwas dürftig mit nur einem Tonnenpaar markiert ist. Aber: Hat man die Ansteuerungstonne gefaßt und läuft danach stur Kurs SW, so kann nichts passieren. Nach gut zwei Seemeilen erreicht man die betonnte Fahrrinne zum Hafen von Wismar.

Ostansteuerung: Wer von Fehmarn herübersegelt oder von Dänemark, wird die östliche Passage nehmen, das Hauptfahrwasser nach Wismar. Da man anders wenig gewinnt, würde ich ruhig auf die große, rot-weiße Ansteuerungstonne „Wismar" (Glt.-4s) zuhalten, die auf Position 54° 07'N 011° 26'E liegt. Von da dann mit Kurs 165° (= Linie Richtfeuer „Gollwitz", Ubr.-4s) auf die gelbe Leuchttonne „Pilot" (Fkl. [6] + Blk.g.-15s) zu. Bei dem Tonnenpaar Grün 3/Rot 4 wechselt man auf Kurs SW, der einen mit Hilfe mehrerer Tonnen sicher am Flach Hannibal vorbei und zur Mündung der Wismarer Bucht führt. Wer von Rostock her kommt, braucht natürlich nicht bis hinaus zur Ansteuerungstonne „Wismar"; in diesem Fall genügt es, das schon erwähnte Tonnenpaar Grün 3/Rot 4 anzuliegen.

Ost- und Westansteuerung vereinigen sich im *Krakentief* zum gemeinsamen Hauptfahrwasser nach Wismar. Diese Rinne verläuft zunächst in etwa mit Kurs S auf die Hohen Wieschendorfer Huk zu, wechselt dann auf Kurs SE und führt danach an dem Inselchen Walfisch vorbei auf Wismar zu. Distanz von der Ansteuerungstonne „O-Tief" acht Seemeilen, von der Ansteuerungstonne „Wismar" sogar 18 Seemeilen. Dazu kommt noch, was man schon an Anfahrt zu diesen Tonnen in den Beinen hat; zusammen ist das dann mehr als genug. Deshalb mein Rat: Zuerst schön sauber im Tonnenstrich nach Wismar! Die Bucht mit ihren anderen Häfen sehen wir uns später in aller Ruhe an.

Eben vor Wismar passieren wir am Westufer vor dem Ortsteil *Wendorf* mehrere Stege. An diesen Stegen, aber noch mehr an Ankerbojen, eine Unmenge von Yachten: als Liegeplatz wenig geeignet, denn sehr wenig Wasser und auch wenig geschützt. Es sind die Plätze des Wismarer Segelclubs. Wir fahren weiter, auf den Hafen von

Wismar

zu, wo wir uns im *Alten Hafen*, einem ziemlich schmalen, leicht gekrümmten Hafenschlauch, nach einem Liegeplatz umsehen. Eigentlich ist er der Fischerhafen von Wismar. Die Ostmole ist erneuert worden. Wir suchen uns hier einen freien Platz, möglichst weit hinten. Ein stimmungsvoller Hafen, gerade weil er etwas eng ist, und voller Fischkutter, die aber alle an der Westseite bleiben. Das barocke, aus braun verwitterten Ziegeln erbaute Seefahrtsamt haben wir beim Einlaufen passiert. Hier sollte man sich anmelden.

Über die üblichen Einrichtungen kann man wenig sagen, es wird noch gebaut. Man kann nur hoffen, daß die vielen alten, manchmal etwas derangierten Lagerhäuser und Schuppen nicht abgerissen werden, vor allem nicht das riesige alte Backstein-Lagerhaus. Manche finden den Alten Hafen von Wismar etwas unruhig. Daran ist einiges, denn dicht an seinem Scheitel führt eine vielbefahrene Straße vorbei. Aber was wiegt das schon angesichts dieses schönen alten Hafens?

Direkt an unserem Alten Hafen öffnet sich das gotische Wassertor, Rest der einst mächtigen, vier Meter hohen Stadtbefestigung. Wismar, als Mitglied der Hanse eine reiche Stadt, hatte deshalb allen Grund, sich gut zu schützen. Obwohl die alte Stadt an sich schon ein Kleinod ist, die zu durchwandern sich sehr lohnt – am schönsten wirkt sie, wenn man von See her kommt: mit ihrem Gewirr rotbrauner Dächer, über die sich mehrere alte Kirchen erheben, vor allem die wuchtige St.-Nikolai-Kirche, die sehr an die Marienkirche von Danzig erinnert, dann der schlanke, hohe Turm der Marienkirche, die zierlichen Giebeltürmchen der Heiliggeist-Kirche, und auch die vielen filigranen Kräne der Werften am Hafen gehören zu diesem Bild.

Die vielbefahrene Autostraße am Hafen – sie stört, gewiß, aber man braucht nur durch das Wassertor zu gehen und ist gleich mitten in einer alten Hansestadt. In „unserem", dem Alten Hafen mündet ein schmaler Wasserlauf, die Grube, der mitten durch die Stadt führt und den Schweriner See mit der Ostsee verbindet. Angelegt wurde der kleine Kanal schon im 13. Jahrhundert. Er diente ursprünglich der Wasserversorgung, später dann als Löschwasserspeicher: Wenn ein Brand drohte, wurden die eisernen Tore am Hafen geschlossen, und dann konnte

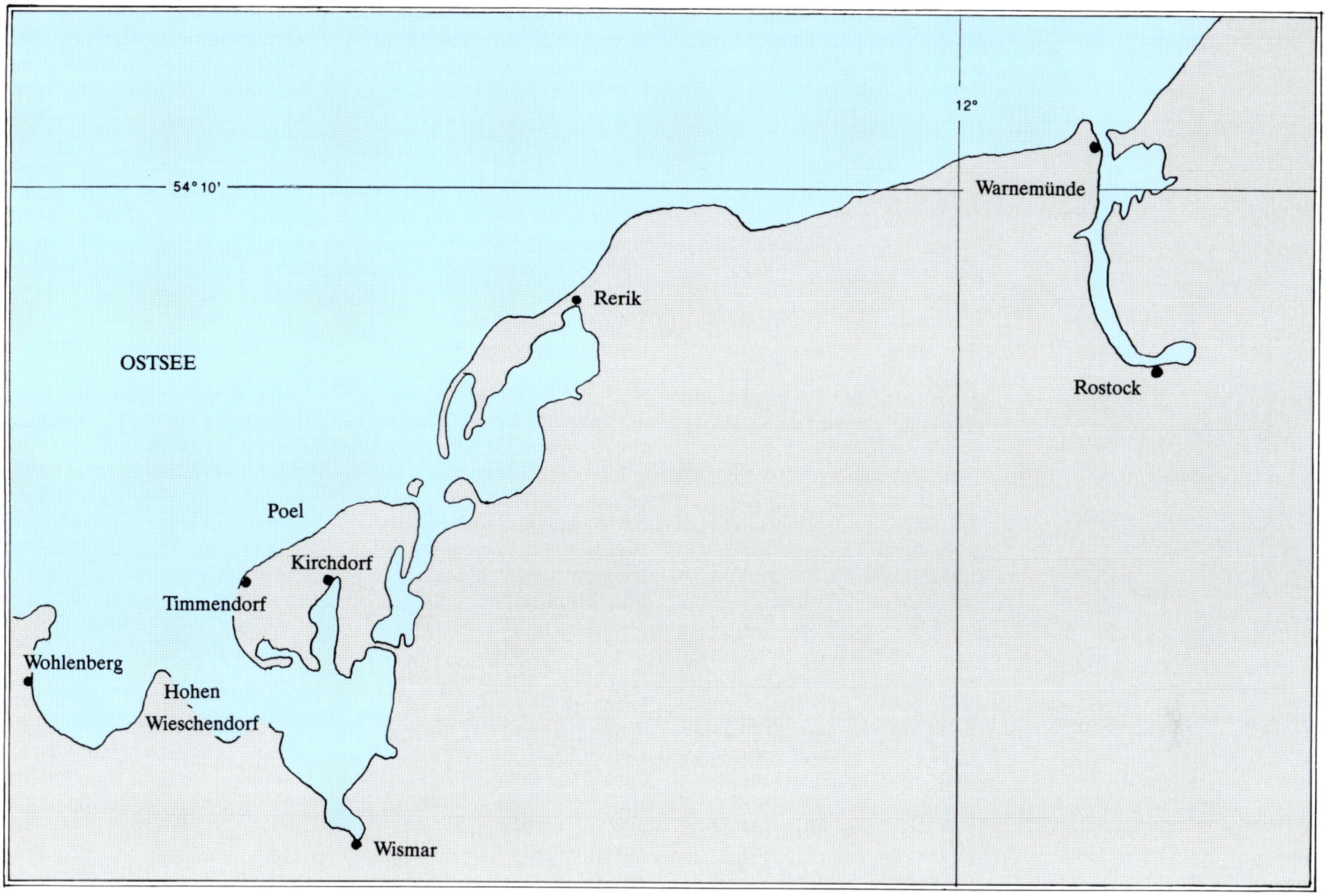

man im wahrsten Sinne des Wortes aus dem vollen schöpfen. Später sorgte für die Trinkwasserversorgung die „Wasserkunst“ am Markt, eine pavillonartige Konstruktion, die zwischen 1579 und 1602 von einem holländischen Baumeister errichtet wurde. In hölzernen Rohren wurde Wasser in die Stadt geleitet, das von der „Wasserkunst“ aus auf die Häuser verteilt wurde. Gutes Wasser war wichtig, denn Wismar war immer auch eine Stadt der Bierbrauer. Der Marktplatz, auf dem die „Wasserkunst“ steht, ist ein mächtiges Geviert, angeblich einer der größten Marktplätze der Hanse. Umrahmt ist er von vielen alten Häusern, seine Nordseite schließt fast ganz das große weiße Rathaus ab, ein schöner klassizistischer Bau.

Die Stadt ist voller Sehenswürdigkeiten, die größte aber ist ihre Atmosphäre: Obwohl von mehreren Luftangriffen im Zweiten Weltkrieg getroffen, auch an einigen Stellen etwas heruntergekommen, bietet sich doch immer noch das Bild einer alten, reichen Hansestadt. Man muß sich nur die Zeit nehmen, durch ihre engen Kopfsteinpflaster-Gassen zu schlendern, etwa zur mächtigen Nikolai-Kirche, die inmitten eines stillen, verwunschenen Platzes steht, oder zur Ruine der Marienkirche mit ihrem hochaufragenden Turm oder zur noch recht gut erhaltenen Heiliggeist-Kirche – und natürlich auch zu den vielen, teilweise prächtigen Bürgerhäusern, etwa zum „Alten Schweden“, einem gotischen Gemäuer, dem ältesten Haus Wismars, an der Ostseite des Marktes. Der Name erinnert daran, daß Wismar über Jahrhunderte zu Schweden gehörte. Prächtiges Beispiel hanseatischen Bürgerstolzes ist das Schabbell-Haus an der Neuen Grube, ein wunderschöner Renaissancebau, den sich der Wismarer Ratsherr und Brauer Hinrich Schabbell von einem holländischen Baumeister entwerfen ließ (jetzt Stadtgeschichtliches Museum).

Der Sehenswürdigkeiten von Wismar sind so viele, daß man sie hier nicht alle aufzählen, geschweige denn beschreiben könnte. Guter Rat: sich beim Fremdenverkehrsbüro (an der Westseite des Marktes) einen Stadtführer besorgen und dann zu einem gemächlichen Stadtrundgang aufbrechen. Es wird ein Gang in die Vergangenheit werden.

Begonnen hatte die Geschichte von Wismar, als Anfang 1200 deutsche Einwanderer am Bach „wissemara“ eine Siedlung errichteten. Die Gründung entwickelte sich so glücklich, daß schon 1275 um die Stadt mit ihren 5000 Einwohnern – ernorm viel für die damalige Zeit – eine fast vier Meter hohe Backsteinmauer gezogen werden konnte. Von den fünf Stadttoren, die es damals gab, ist nur noch unser Wassertor am Hafen erhalten geblieben. Zeitweise hatten die Mecklenburger Herzöge ihre Residenz in Wismar, und zwar im noch bestehenden Fürstenhof, einem prächtigen Gebäude nahe der Georgenkirche.

Was die Stadt wirklich hochbrachte, war weniger die zeitweise Anwesenheit der Landesherren als vielmehr ihre Mitgliedschaft in der Hanse. Im 14. und 15. Jahrhundert entwickelte sich der Handel so günstig, daß Wismar ein mächtiges Glied im Bund der wendischen Hansestädte wurde. Hauptsächlich wurden Salz und Bier exportiert, vor allem nach Skandinavien, nach Rußland und ins Baltikum. Gegen Ende des 15. Jahrhunderts soll es hier 182 Bierbrauer gegeben haben. Das Wismarer Bier erfreute sich überall großer Beliebtheit, und selbst im fernen Portugal wußte man die „Wismaraner Wumme" zu schätzen.

Bergab mit der Stadt ging es, als sich im 16. und 17. Jahrhundert die Handelszentren nach Westeuropa verlagerten. Am schlimmsten aber wurde ihr im Dreißigjährigen Krieg mitgespielt, so daß sie am Ende sogar zu Schweden kam, wo die Stadt bis 1803 blieb. Als der in Finanznöten steckende Schwedenkönig Wismar für 1125000 Taler auf 100 Jahre verpfänden mußte, kam es wieder zu Mecklenburg.

Heute zählt Wismar knapp 60000 Einwohner. Eine der wichtigsten Industrien sind die Werften. Ob allerdings die große Mathias-Thesen-Werft eine Zukunft hat, weiß niemand. Die Stadt ist auch stolz auf ihre Ingenieur-Hochschule, und trotz aller wirtschaftlichen Misere ist sie immer auch ein Zentrum von Wirtschaft und Kultur zwischen Lübeck und Rostock gewesen. So wird es hoffentlich auch bleiben.

Bevor wir in Wismar die Leinen lösen, sollten wir uns etwas mit der

Wismarer Bucht

vertraut machen, die wir als nächstes erkunden wollen. Ihr Ostteil ist flach, er wird abgeschlossen von der Insel Poel. Der Westteil hingegen, die weitausschwingende Wohlenberger Wiek, ist durchweg tief und rein, nur in der Einsteuerung liegen zwei schlimme Flachs, die schon erwähnte Sandbank von Lieps im Norden und das mit Steinen übersäte Flach vor der Hohen Wieschendorfer Huk im Süden.

Die Insel Poel hat zwei kleine, gute, wenn auch völlig unterschiedliche Häfen. In der Wohlenberger Wiek finden wir keinen richtigen Hafen, aber eine durchaus brauchbare Brücke zum Anlegen.

Also, zuerst zur Insel *Poel!* Unser erstes Ziel soll der Hafen von Kirchdorf sein. Wir tuckern aus dem Hafen von Wismar hinaus und verlassen bei der roten Spiere Nr. 44 die tiefe Rinne, um mit Kurs NNE auf die schwarz-gelb-schwarze Spiere „Walfisch O" zuzuhalten. Walfisch – so heißt das flache, unter Naturschutz stehende Inselchen, das wir im Osten passieren, um gleichzeitig zwischen zwei mit gelben Warntonnen markierten Fischzuchtgebieten hindurchzufahren. Mit Kurs N gelangen wir – immer auf 3 m Wasser, mindestens – zur Ansteuerung von Kirchdorf: der grünen Leuchttonne (Blk. gn.-8s).

Ab hier weiter, aber immer sauber im Tonnenstrich halten, denn der weite Kirchdorf-See ist alles in allem sehr flach. Eine schöne, stille Landschaft: sanft ansteigende, grüne Hügel, davor weit ausgedehnte, im Wind wogende Schilffelder. Voraus taucht jetzt auf einem steilen, bewaldeten Hügel, hoch über dem Wasser, die Kirche von

Kirchdorf

auf. Wir laufen geradewegs auf den Hafen zu und suchen uns zuerst einen Liegeplatz. Rechter Hand der Steg des Segelclubs der Insel Poel. Ein Schild „Herzlich willkommen!" erfreut uns. An der Westseite des Steges, im vorderen Teil, gut 2 m Wassertiefe, an der Ostseite beträchtlich weniger. Wer hier nicht mehr unterkommt, kann an dem Anleger des Fahrgastschiffes festmachen, und zwar entweder am Kopf oder an der Westseite. Alle anderen Plätze sind von Kuttern oder Einheimischen belegt, haben zumeist auch geringe Wassertiefen. Recht gute Versorgung: am Steg des Segelclubs Wasser- und Stromanschluß, im Clubhaus „Zum Poeler Dampfer" WCs und Duschen und ein kleines Restaurant, im Westteil des Hafens eine Bootswerft mit Slip. Treibstoff bekommt man bei einer nahen Straßentankstelle.

Dicht am Hafen ein großer Parkplatz, auch eine kleine Fabrik, doch beide stören wenig. Der Hafen hat Atmosphäre, mit seinen kleinen Kuttern, den zum Trocknen aufgehängten Netzen und vor allem dem Kirchlein über dem Wasser.

Kirchdorf ist ein recht großer Ort, der größte auf der Insel Poel. Am schönsten ist es wirklich am Hafen. Auf dem Kirchberg stand früher ein befestigtes Schloß der Mecklenburger Herzöge, das aber im Dreißigjährigen Krieg zerstört wurde; nur einige Erdwälle sind noch zu sehen. Die Kirche, deren ältester Teil, der klobige Turm, aus dem Mittelalter stammt, gehörte früher zur Festung. Ein typischer nordischer Backsteinbau. Daß Kirchdorf schon immer eine Stadt der Seefahrer war, zeigen die Schiffsmodelle, die in der Kirche hängen.

Poel

ist die größte mecklenburgische Insel, bewohnt von 3000 Insulanern. Im Sommer kommen dann noch massenhaft Badegäste hierher. Am besten, man leiht sich ein Fahrrad und radelt über die Insel, die vor allem durch ihre Naturschönheit beeindruckt, mit ihren stillen Buchten und den kaum über dem Meeresspiegel liegenden Salzwiesen, wo es immer noch viele seltene Pflanzen und Tiere gibt. Schön auch die Schutzwälder, die Moore und die Felder.

Poel war früher dicht mit Wäldern bewachsen, die aber fast alle verschwunden sind – sie lieferten im Mittelalter das Holz für die Wismarer Werften. Wenn man immer von der *Insel* Poel spricht, so ist dies nicht ganz richtig, denn die Insel ist mit einem Straßendamm mit dem Festland verbunden, ist also genaugenommen eine Halbinsel.

Der andere Hafen von Poel,

Timmendorf

ist ganz anders als Kirchdorf, auch leichter zu erreichen. Er liegt an der westlichen Kante der Insel am tiefen Wasser. Auffallend und beste Landmarke, auch für die Einsteuerung in die Wismarer Bucht, der 21 m hohe Leuchtturm: Er ist unten weiß, oben rot und braun. Er trägt das wichtige Sektorenfeuer F. w/r/gn. Man hält auf die rot-weiße Ansteuerungstonne zu, die etwa 250 m südwestlich des Hafens ausliegt. Danach auf gut 3 m Wasser einfach auf den Hafen zu. Abgesehen von den festen Plätzen der Lotsenbrüderschaft an der Mittelmole, kann man sich überall einen Platz suchen. Man muß allerdings aufpassen, da es zum Land hin rasch untief wird. Am besten an die Holzbrücke vor der Nordmole, wo früher der Zollposten war, oder mit Bug zum Steg an die Südmole und Heckanker ausgebracht.

Versorgung fürs Boot mäßig, wenn nicht gleich Null, für die Crew brauchbar.

Der Hafen liegt sehr frei und exponiert am weiten Wasser. Bei westlichen Winden unruhig, dann können sogar Wellen über die niedrigen Steinmolen schlagen. Bei ruhigem Wetter aber, gegen die untergehende Sonne, einmalig schön.

Der Ort selbst besteht nur aus ein paar Häusern und einem riesigen Campingplatz, der allerdings gut hinter Hecken verborgen liegt. Hier und in der Nähe des Hafens jede Menge Imbiß- und Verkaufsbuden. Ein einfaches, familiäres Seebad mit einem hervorragenden Strand.

Ob man zu dem Anleger von

Hohen Wieschendorf

soll, ist so eine Frage: Die *Eggers Wiek,* an deren Scheitel er liegt, hat mehrere üble Flachs. Der im Süden gelegene *Stegort* mit seinen Steinen ist nicht einmal betonnt. Man müßte von der grünen Leuchttonne Nr. 37 (Blk.gn.-8s) mit Kurs 250° im Tonnenstrich laufen. Doch ob es sich lohnt? Eine große, hohe Brücke aus Beton, etwas derangiert, früher einmal eindeutig fürs Militär. Man kann längsseits gehen, möglichst nahe einer Leiter, um auch an Land zu kommen. Direkt neben der Brücke ein feinsandiger Strand (FKK). Zum Dorf Hohen Wieschendorf etwa ein Kilometer.

Besser wäre es, in die

Wohlenberger Wiek

zu fahren, denn in dieser fast kreisrunden, drei Seemeilen breiten Bucht kann man wirklich frei und unbeschwert dahinsegeln. Das Wasser ist tief, der Grund rein, die 2-m-Linie verläuft gleichmäßig und nahe am Ufer. Die einzige Anlegemöglichkeit findet man in

Wohlenberg

eine große Betonbrücke, exakt so wie die von Hohen Wieschendorf, also auch ein ehemaliges Militärobjekt. Unterschied: Das Dorf Wohlenberg liegt ganz nahe. Der Ort wie auch die ganze Wohlenberger Wiek ist ein einziger Badestrand, überall mit feinem, weißem Sand und hügeligen, leicht ansteigenden Ufern mit vielen Wäldern dahinter.

Bevor wir die Wismarer Bucht verlassen und unseren Kurs auf Warnemünde/Rostock absetzen, müssen wir uns unbedingt Klarheit über das bevorstehende Wetter verschaffen. Wir haben jetzt gut 30 Seemeilen vor uns, sieht man einmal vom *Salzhaff* ab, ohne daß wir irgendwo unterschlupfen könnten. Ein weiteres Problem ist das riesige *militärische Sperrgebiet* vor der Halbinsel *Wustrow.* Bei Redaktionsschluß galt folgende Regelung: Das Durchfahren des Gebiets ist von Freitag 17.00 bis Montag 07.00 Uhr erlaubt, ebenfalls vor einem gesetzlichen Feiertag und entsprechend danach. Ich kann mir nicht vorstellen, daß es dabei bleibt, und rate deshalb, sich vor dem Auslaufen in Wismar beim Seefahrtsamt zu erkundigen, das man auch über Kanal 14 anrufen kann.

Obwohl zur Zeit noch alles etwas unklar ist, würde ich auf dem Weg nach Rostock doch einen Abstecher in das

Salzhaff

machen. Das ganze Gebiet, einschließlich der Halbinsel Wustrow, war bis zur Wende militärisches Sperrgebiet. Wustrow ist es immer noch. In das Salzhaff aber darf man jetzt hineinfahren. Die Passage, die *Kielung,* darf in der Zeit vom 1. Mai bis 31. August von Sonnenaufgang bis Sonnenuntergang befahren werden. Im Salzhaff gibt es jede Menge Ankerplätze. Den am besten geschützten findet man ganz im Norden, vor dem Ostseebad *Rerik.*

Booten mit einem größeren Tiefgang als 1,30 m würde ich allerdings vom Salzhaff abraten. Es hat zum Teil geringe Wassertiefen, ist auch (noch) nicht betonnt. Das Wasser ist stark verkrautet, es gibt außerdem jede Menge Reusen und Stellnetze. Für besser halte ich deshalb, vor allem wegen ihrer landschaftlichen Schönheit, die *Große Wiek,* die eben südlich der Halbinsel Boiensdorfer Werder (Vogelschutzgebiet) einen nahezu idealen Ankerplatz bietet.

Weiter nach Rostock: Bei gutem Wetter wird es eine Kaffeefahrt werden, vorbei an einem Ostseebad nach dem anderen, alles klangvolle Namen, wenn Jüngeren auch (noch) nicht geläufig: Rerik, Kühlungsborn, Heiligendamm, Nienhagen und schließlich Warnemünde. Heiligendamm – wer hätte es gedacht? – ist sogar das älteste deutsche Seebad überhaupt, noch vor Norderney. Bei Heiligendamm sehen wir über den Wald die spitzen Türme der Klosterkirche von Bad Doberan lugen, eine wunderschöne Anlage, ehemals Zisterzienserkloster, die einen Ausflug allemal lohnt, sei es von Wismar oder von Warnemünde aus.

Was von

Warnemünde

als erstes in Sicht kommt, ist das schneeweiße, 64 m hohe Hotel Neptun, ein Renommierobjekt der alten DDR, das stark an das Hotel Maritim von Travemünde erinnert. Davor dann der gelbe Strand, die Strandkörbe, die Kurpromenade und der „Teepott", ein merkwürdiges Gebäude mit schwingendem Dach: Berliner werden sich an die Kongreßhalle im Tiergarten erinnert fühlen.

Die Ansteuerung von Warnemünde ist an sich nicht schwer. Lediglich auf den starken Schiffsverkehr hat man zu achten, vor allem auf die Fähren: Wenn sie zwei schwarze Bälle gesetzt haben, darf man nicht in den Hafen einlaufen (ihn auch nicht verlassen), nachts zeigen sie zwei rote Lichter nebeneinander. Die Fähren drehen *westlich* der Ausfahrt, deshalb sollte man dieser Stelle fernbleiben.

Ansonsten läuft man einfach auf das grüne Leuchttürmchen mit dem weißen Band zu, das ganz außen auf der Westmole steht, komme ihm aber nicht zu nahe, auch wenn genug Wasser da ist, denn hier setzt unter Umständen ein ziemlich harter Strom.

Sobald man den Kopf der Westmole passiert hat, hat man vor sich drei Passagen: im Westen den Alten Strom, daneben den Neuen Strom und ganz im Osten den Seekanal. Letzterer geht uns gar nichts an, der ist für die ganz großen Schiffe da. Wohin wir nun den Bug richten, hängt davon ab, welchen Liegeplatz wir uns aussuchen. Der traditionelle Platz für Gastyachten ist der *Alte Strom.* Wer statt dessen in den *Yachthafen* will, muß in den Neuen Strom einlaufen.

Wir aber wollen in den Alten Strom: Es ist der beste Platz für eine Yacht, wenn man nach Warnemünde kommt. Ein bißchen erinnert er an Travemünde, auch hier haben wir an der einen Seite alte Häuser mit Bäumen davor, nur: Der Alte Strom ist sehr viel schmaler als die Untertrave und deshalb stimmungsvoller, auch ruhiger, denn die großen Schiffe kommen alle nicht hierher.

Ich rate, mal langsam den kanalförmigen Strom hochzudampfen und eine Runde zu drehen, dann wird man schon ein passendes Plätzchen ausgucken, im allgemeinen an der Ostseite: Gleich hinter dem Hafenmeisterbüro befindet sich der Zollsteiger, und dahinter liegt die Wasserschutzpolizei; daran anschließend wird man schon etwas finden, vielleicht am Steg des Akademischen Seglervereins Warnemünde oder noch weiter hinten. Nur: Ganz am Ende, nahe der Brücke, haben die Fischer ihre festen Plätze.

Die Versorgung ist rundum gut. Duschen und WCs im Clubhaus am Yachthafen, Hafengeld muß man zwischen 06.00 und 10.00 Uhr bringen. Diesel, Wasser, auch Reparaturen bei den Fischern.

Ein sehr stimmungsvoller Hafen. Besser kann man es eigentlich nicht haben.

Das Seebad Warnemünde zeigt entgegen allem Erwarten nichts von sozialistischer Tristesse. Elegant, gut in Schuß, voller Leben – es könnte nicht besser sein. Natürlich ist alles zur See hin gerichtet: die breite Strandpromenade, der Strand, das Kurhaus, das Hotel Neptun, der „Teepott". Im Grunde ist es hier so wie bei allen großen Ostseebädern. Die Idyllen findet man eher abseits, am Alten Strom oder in der Quer- und in der Theodor-Körner-Straße (hier, in einem ehemaligen Fischerhaus, das interessante Heimatmuseum).

Warnemünde gehört seit 1323 zur Hansestadt Rostock, war dessen Vorhafen. Heute hängt das alles zusammen, zieht sich an der Warnow entlang – eine fast ununterbrochene Bebauung bis nach Rostock. Der Alte Strom war bis 1903 die einzige Schiffahrtsstraße; also da, wo wir jetzt festgemacht haben, zogen einst die großen Schiffe vorbei.

Auf der Warnow wollen wir jetzt mit dem Boot nach

Rostock

schippern. Natürlich kann man auch mit der Bahn oder dem Bus dorthin kommen. Wenn die Zeit etwas kanpp ist, warum nicht? Aber sonst: Wir haben ein Boot, und wir nehmen den gleichen Weg, den früher die Hansekoggen nahmen. Knapp sechs Seemeilen sind es, ein gutes Stündchen also. Wir fahren durch den Neuen Strom, vorbei an der großen Warnow-Werft, passieren an Backbord den neuen Überseehafen, eine gewaltige Anlage: Immerhin war Rostock der mit Abstand wichtigste Hafen der DDR. Legen vielleicht beim Schiffbaumuseum neben dem „Traditionsschiff" an oder fahren auch ohne Aufenthalt weiter zur Stadt hin, wobei wir uns in der nun enger werdenden Unterwarnow immer sauber in der Fahrrinne halten, denn daneben wird es rasch untief. Voraus haben wir die auf einem Hügel liegende alte Hansestadt. Aber außer den Kirchen, die hoch über den Dächern aufragen, wirkt sie eher modern, vor allem geschäftig mit dem regen Schiffsverkehr und der großen Neptun-Werft.

Bevor wir uns näher mit der Stadt befassen, brauchen wir einen Liegeplatz. Es gibt mehrere. Ich schlage drei zur Auswahl vor und weise auf zwei weitere hin:

An der Ostseite der Warnow, am Stadtteil Gehlsdorf, gibt es zwei Yachthäfen. In *Gehlsdorf-Nord,* den wir am besten von dem roten Dalben 38 aus erreichen, hat der Segelclub Warnow seine Stege. Was diesen Hafen auszeichnet, ist seine große Wassertiefe: an den beiden nördlichen Stegen außen immerhin gut 3 m. Im Clubhaus Duschen, WCs, dazu Slip; auch kleinere Reparaturen können hier ausgeführt werden. Die unmittelbare Umgebung gefällt mir allerdings nicht sonderlich.

In dieser Beziehung ist das eine Seemeile stromaufwärts gelegene *Gehlsdorf-Süd* attraktiver. Am Rande eines Parks haben mehrere Yachtclubs ihre Plätze, darunter der traditionsreiche Rostocker Yachtclub mit seinem ehrwürdigen, unter hohen Bäumen gelegenen Clubhaus. Früher befand sich hier das Leistungszentrum der DDR-Segler. Problem: geringe Wassertiefen, am Kopf der Stege nicht viel mehr als

1,70 m. Dafür eine sehr gute Versorgung, neben den üblichen sanitären Einrichtungen Slip, Kran, Reparaturen und vor allem: am letzten Steg eine Tankstelle. Anschließend an diese Anlage soll ein großer Yachthafen mit 230 Liegeplätzen entstehen (Frühjahr 92 fertig), mit sehr guten Einrichtungen. Kleiner Nachteil von Gehlsdorf: Man muß mit der Fähre übersetzen, wenn man in die Stadt will. Dies wird aber durch die Ruhe und vor allem den schönen Blick, den man von hier auf Rostock hat, mehr als aufgewogen.

Die beiden anderen Häfen befinden sich an der Stadtseite. Zuerst der *Haedgehafen,* den ich weniger empfehlen möchte, weil er hinter Kohlen- und Kieshalden liegt, auch sonst sehr unruhig wegen der Eisenbahn. Für besser halte ich da den *Stadthafen-Ost,* obwohl auch hier die Umgebung etwas öde wirkt. Man hat hier neue Schwimmpontons ausgebracht und neue sanitäre Anlagen gebaut. Allerdings ist der Hafen etwas laut, wegen der Ausfallstraße, dafür sind es bis zum Stadtzentrum nur ein paar Minuten.

Wo immer wir auch unser Boot festgemacht haben, es ist Zeit, uns etwas näher mit der Stadt zu befassen. Die Geschichte Rostocks verlief ähnlich der von Wismar, beide sind es alte Hansestädte. Der Unterschied ist nur, daß Rostock gegenüber dem schläfrig wirkenden Wismar ein pulsierendes Wirtschaftszentrum mit einem gewaltigen Hafen ist. Die Stadt hat auch fast fünfmal mehr Einwohner. Der Hafen ist (fast) alles. Zwischen Warnemünde und Rostock entlang der Warnow immer wieder Werften und Betriebe, die mit der Schiffahrt zu tun haben. Neben dem Hafen bestimmt stark die Universität die Atmosphäre der Stadt. Sie hat eine lange Tradition: Schon 1419 gegründet, als erste Nordeuropas, galt sie lange als die „Leuchte des Nordens". Die vielen Studenten prägen natürlich das Stadtbild. Angeblich gibt es hier 50 Studentenkneipen. Vielleicht versuchen Sie es einmal beim „Krahnstöver" in der Großen Wasserstraße.

Beherrscht wird die Silhouette der auf Hügeln über dem Wasser liegenden Stadt von ihren Kirchen: der trotz Bombenhagel im Zweiten Weltkrieg unversehrt gebliebenen Marienkirche mit ihrem sonderbaren Turm, dann der St.-Nikolai-Kirche und vor allem der wuchtigen St.-Petri-Kirche ganz im Osten, dort, wo die Stadt im Mittelalter gegründet wurde. Wer Puste genug hat, der sollte auf den Turm der Marienkirche steigen, denn von dort oben hat man einen atemberaubenden Blick über Stadt, Hafen und Land.

Rostock ist im Zweiten Weltkrieg ziemlich mitgenommen, später aber mit viel Liebe wieder restauriert worden – teilweise jedenfalls und nicht ohne Geschmack, wie man zugeben muß, unter Verwendung traditioneller Materialien. Behutsame Stadtsanierung könnte man das nennen. Diese neuere Architektur ist durchaus sehenswert, wie die Lange Straße (hier übrigens das Fremdenverkehrsbüro: Stadtführer besorgen!). Man findet aber auch immer noch alte Kaufmannshäuser, Speicher und dann die – und dies in jeder Beziehung – alles überragenden Kirchen. Lebendiger Mittelpunkt der Stadt ist die parallel zur Langen Straße verlaufende Kröpeliner Straße, eine Fußgängerzone, die zum alten, im Westen gelegenen Kröpeliner Tor führt und auch an der Universität vorbei. Im Park davor das von Schadow geschaffene Denkmal von Blücher, des „Marschall Vorwärts", der aus Rostock stammte. Im Kröpeliner Tor übrigens das sehenswerte Museum für Stadtgeschichte. Nicht auslassen sollte man auch das Schiffahrtsmuseum in der August-Bebel-Straße.

Rostock boomt seit der Wende geradezu. Ausdruck dieser Entwicklung das Port Center, ein mehrstöckiges, schwimmendes Einkaufszentrum am Hafen. Der Bogen spannt sich weit in Rostock: 1161 erstmals urkundlich erwähnt, später machtvolles Mitglied der Hanse. Niedergang im Dreißigjährigen Krieg. Wirtschafts- und Hafenzentrum in der DDR. Wird das Port Center das Symbol des modernen Rostock?

Nautische Unterlagen: *Als Seekarten empfehle ich die Sportbootkarten des Bundesamtes für Seeschiffahrt und Hydrographie (BSH), für dieses Revier den Satz Nr. 3005 „Karten der Ostsee von Travemünde bis Stralsund". Nicht nur, weil sie handlicher sind als die „normalen" Seekarten und in einer praktischen Klarsichthülle verpackt, sondern weil sie auch eine Fülle von Informationen für den Sportschiffer enthalten. Das Seehandbuch hingegen ist entbehrlich. Nicht aber das „Verzeichnis der Leuchtfeuer und Signalstellen, Teil II: Ostsee, SW-licher Teil, und Gewässer zwischen Ost- und Nordsee", Nr. 2101.*

2 ZUM FISCHLAND

DIE BODDENGEWÄSSER VON DARSS UND ZINGST

Fischland Darß: auf der einen Seite die Ostsee, auf der anderen die Bodden. Die Boddengewässer, ein ideales Revier für kleine Boote. Ihnen stehen auch alle Häfen offen, wie der von Althagen am Saaler Bodden.

Darßer Ort. Hafen bei den Sandriffen. Früher ein Militärhafen. Wird vielleicht geschlossen, weil er im Nationalpark Vorpommersche Boddenlandschaft liegt. Als Nothafen aber unentbehrlich. Im Hintergrund der große Darßer Wald, der ebenfalls unter Naturschutz steht.

1 *Barhöft am Eingang zu den Boddengewässern. Ein guter, tiefer Hafen, der praktisch am Weg liegt.*

2 *Typische Boddenlandschaft. Der Barther Strom hat allerdings sehr wenig Wasser. Im Hintergrund Zingst mit der braunen Insel Oie davor.*

3 *Barth, ein großer, aber wenig attraktiver Hafen. Man findet immer einen Platz, auch die Versorgung ist ordentlich.*

1 Zingst. Becken und Stege und doch wenig Platz.

2 Prerow. Beim Dorf. Sieht besser aus, als es ist. Sehr unruhig, wenige Liegemöglichkeiten.

3 Prerow. Hohe Düne. Liegeplätze am Prerower Strom. Man sieht, wie nah die Ostsee ist.

1

3

2

1

2

3

1 *Bodstedt. Idyllischer kleiner Hafen, mit Betonung auf klein. Heimat der Zeesboote, der traditionellen Fischerboote von den Boddengewässern.*

2 *Inseln westlich vom Hafen Born. Vorne der Koppelstrom, dahinter der große Saaler Bodden.*

3 *Althagen. Hafen hinterm Schilf. Die weißen Bootshäuser gehören der Sportgemeinschaft Ahrenshoop. Gäste fahren in das große Becken.*

1 *Blick über Wustrow auf die Bucht Permin. Hier ist die schmalste Stelle im Fischland Darß. Im Mittelalter bestand hier noch eine schiffbare Passage.*

2 *Dierhagen. Schöner, ruhiger Hafen mit guten Liegeplätzen im Nordbecken.*

3 *Wustrow mit seiner großen Backsteinkirche. Gastboote legen in dem schmalen Becken an.*

1

1 *Ribnitz-Damgarten. Über Stadt und Kirche geht der Blick auf den Seglerhafen.*

2 *Am Westufer des Saaler Boddens, eben nördlich von Dierhagen.*

3 *Der Stadthafen von Ribnitz-Damgarten. Etwas laut, sonst nicht schlecht.*

Wenn wir die kritische Ecke am Darßer Ort mit seinen Sandriffen glücklich passiert haben, erwartet uns mit den Boddengewässern eine überaus geschützte, vor allem aber idyllisch-ruhige Wasserlandschaft. Je mehr Zeit man sich dafür nimmt, desto besser. Viele kleine Häfen laden zum Anlegen ein. Aber auch Ankerplätze gibt es genug. Ein Revier ohne größere Probleme, deshalb auch etwas für kleinere Boote.

Sobald man des Leuchtturms *Darßer Ort* ansichtig wird, nähert man sich, von Warnemünde kommend, der kritischsten Ecke dieses Törns: den weit nach Nordosten vorspringenden Sandriffen von *Darßer Ort*.

Der 33 m hohe Leuchtturm (Blz.(2+4)-22s) mit seiner runden Kuppel steht auffallend in den weißen Dünen, hinter denen sich der große Darßer Wald erstreckt. Bis hierher konnte man sich relativ nahe am Ufer halten. Unseren NNE-Kurs halten wir noch etwa 1,5 Seemeilen bei, nachdem wir den Leuchtturm querab haben. Dann drehen wir auf Kurs Ost, auf die 2,5 Seemeilen entfernte schwarz-gelb-schwarze Leuchttonne „Darßer Ort O" zu (Fkl. (3)-10s). Haben wir sie erreicht, laufen wir mit Kurs SW auf die Ansteuerung des Hafens Darßer Ort zu. Auf diese etwas umständliche Weise haben wir alle Sandriffe sicher umfahren. Das geht aber so nur bei gutem Wetter. Sind die Verhältnisse schlechter, muß man mehr Abstand halten.

Wie sind nun die Stromverhältnisse? Regel: Bei östlichen Winden setzen Südwest- und Westströme, bei westlichen Nordost- und Ostströme, und zwar jeweils hart *auf das Riff zu.*

Lassen wir uns aber nicht verrückt machen: Wir sind im Sommer unterwegs, und da sind extreme Wind- und Stromverhältnisse doch eher selten. Es ist aber immer wichtig, zu wissen, was einen im schlimmsten Fall erwarten kann. Man muß sich das so vorstellen: Bei westlichem Wind läuft der Strom entlang der Küste nordostwärts, dreht aber hinter der Huk auf die Sandbänke zu. Gleichzeitig kommt von Osten her ein Strom, der dicht unter der Küste von Zingst und Darß entlangläuft, ebenfalls auf das Sandriff trifft, abgelenkt wird, um wenig später auf den Nordoststrom zu prallen. Hier wird es dann kritisch. Es bilden sich Grundseen auf einer sonst komfortablen Wassertiefe von 4 m.

Wer solche gefährlichen Verhältnisse antrifft, sollte das Riff weiträumig umfahren, wenn er von Westen kommt. Kommt er von Osten, dann sollte er besseres Wetter abwarten und im Hafen von Darßer Ort Zuflucht suchen, denn ein Segelboot kommt dann gegen Strom und Wind nicht an, allenfalls mit einer starken Maschine.

Alle diese Schwierigkeiten einmal außer acht gelassen und schönes Sommerwetter vorausgesetzt, ist die Ansteuerung des Hafens von

Darßer Ort

nicht schwer, auch nachts gut möglich. Die Ansteuerung beginnt bei der grünen Leuchttonne „Darßer Ort/1" (Blz.gn.-4s). Der Tonnenstrich, in dem man sich gut mittig hält, führt einen sicher in den großen Hafen, wo man sich einen Liegeplatz sucht, was allerdings etwas schwierig ist: Es gibt eine Spundwand, ein paar halbverfallene Brücken, aber auch eine, die wiederhergerichtet ist. Der Hafen wäre für einen Seglerhafen schlechthin ideal: Er ist groß, liegt sehr günstig und weist auch beträchtliche Wassertiefen auf. Das Problem: Er liegt mitten im Naturschutzgebiet, und deshalb gibt es über seine Zukunft sehr unterschiedliche Pläne. Im Augenblick ist es so, daß er als „Nothafen" angelaufen werden darf. Längste Aufenthaltsdauer zwei Tage. Die Versorgung ist – fast – null: Es gibt in der Nähe Trinkwasser, außerdem hat man provisorisch einen WC-Container aufgestellt. An der Pier liegt der kleine Seenotrettungskreuzer. In Richtung auf Prerow zu mehrere große Campingplätze, wo es moderne sanitäre Einrichtungen gibt, auch mehrere Einkaufsläden und Imbißstuben, selbst einen Fahrradverleih. Fußweg vom Hafen etwa eine halbe Stunde.

Das Gebiet um den Hafen – er selbst übrigens auch – gehört zum „Nationalpark Vorpommersche Boddenlandschaft", steht also unter Schutz (siehe Kasten auf Seite 53). Der Hafen ist Anfang der sechziger Jahre in den ursprünglichen Otto-See hineingebaut worden, als Militärhafen. Obwohl die Gegend damals schon unter Naturschutz stand, nahm man darauf keine Rücksicht. Das Militär ist verschwunden. Es gibt Pläne, den Hafen aufzugeben, was Wahn-

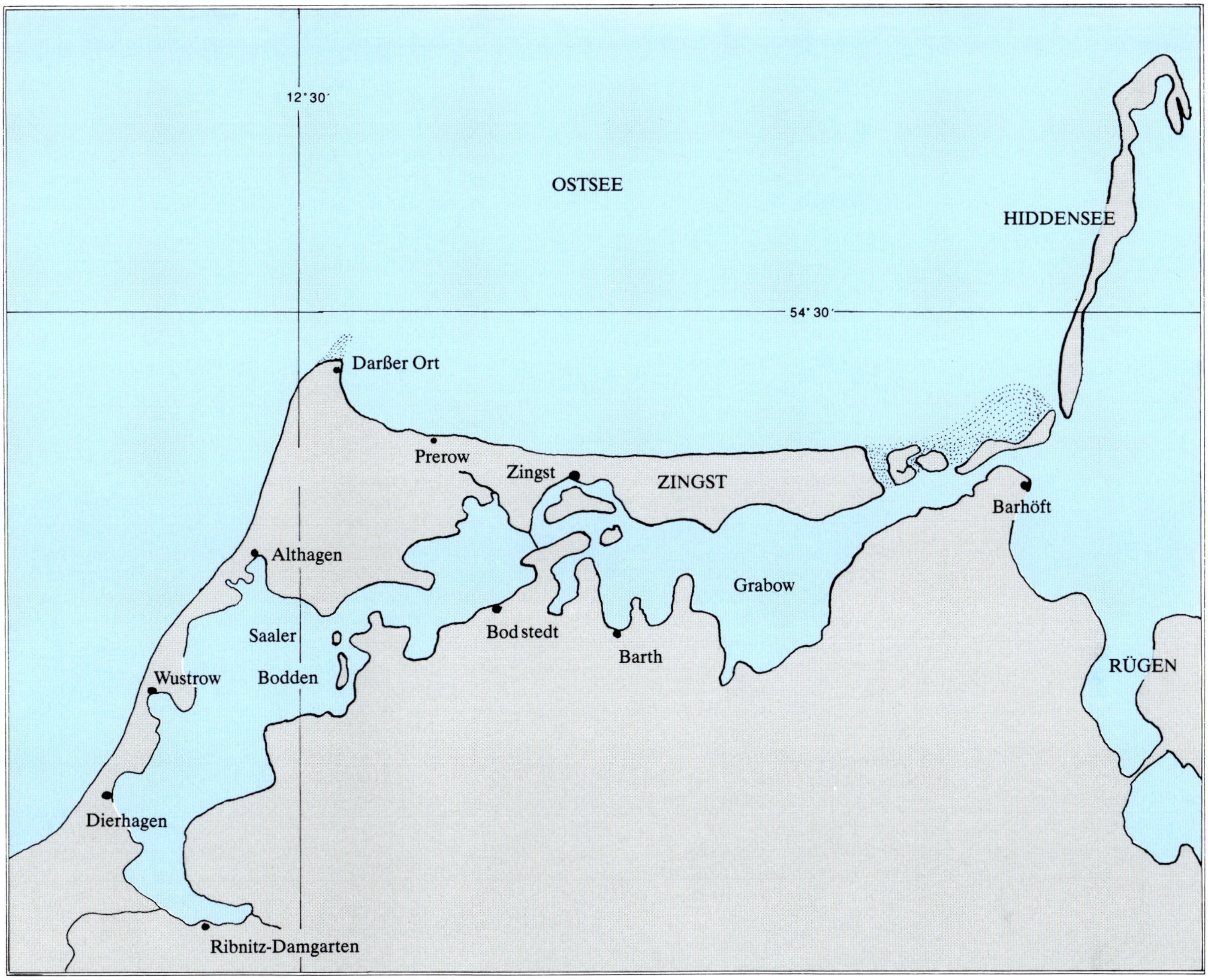

sinn wäre, denn zumindest als Nothafen ist er an dieser kritischen Ecke unverzichtbar. Was aus dem Hafen wird, hängt nicht zuletzt vom Verhalten von uns Seglern ab. Wenn jeder bedenkt, daß er sich in einem Naturschutzgebiet befindet, und sich danach richtet, stehen die Chancen bedeutend besser, daß dieser wichtige Hafen erhalten, vielleicht auch noch etwas ausgebaut wird.

Am Hafen steht ein Holzturm, von dem aus man gut die Umgebung überblicken kann. Die Sandriffe kommen dadurch zustande, daß Sand an der Westküste abgetragen und hier abgelagert wird. So entstehen viele Flachs, die dauernd ihre Lage verändern. Die Sandbänke sind wichtig als Brut- und Rastplätze für Seevögel, aber auch als Jagdrevier des Seeadlers, den es hier noch geben soll.

Die Umgebung des Hafens ist überaus reizvoll. Nach Westen zu verliert er sich in den Schilffeldern des Otto-Sees, die Wald- und Dünenlandschaft ist weithin unberührt. Vom Hafen aus kann man einen sehr schönen Spaziergang zum Leuchtturm „Darßer Ort“ machen. Dort gibt es auch ein Café und eine Ausstellung über den Nationalpark.

Bevor wir im schönen Darßer Ort die Leinen lösen, müssen wir uns etwas mit unserem nächsten Tagestörn befassen: Bis wir die geschützten Boddengewässer erreichen, haben wir rund 23 Seemeilen vor uns, eine Menge also, aber auch nur, wenn wir den direkten Weg nehmen. Das ginge so: Wir laufen ruhig auf die schwarz-gelb-schwarze Tonne „Darßer Ort O“ zu, die wir schon von der Anfahrt her kennen, danach steuern wir exakt Kurs Ost, auf die Insel *Hiddensee* zu, der wir uns etwas südlich des Leuchttürmchens *„Gellen“* nähern. Hier biegen wir in den *Gellenstrom* ein, der uns südwärts auf die Boddengewässer zuführt. Mit diesem langen Kurs haben wir die kritischen Flachs vor der Insel *Bock* weiträumig umfahren.

Bei schönem Wetter kann man es auch anders machen: von Darßer Ort aus immer an der Küste entlang. Der Landgrund steigt gleichmäßig an, so daß man ziemlich nahe am Ufer entlangschippern kann. So sieht man die schöne Dünenlandschaft mit dem hellen Strand und den Wäldern dahinter. Wichtig ist nur, daß wir rechtzeitig den Flachs vor der Insel Bock ausweichen. Das würde ich dann tun, sobald ich die auffallende *Hohe Düne* querab hätte, die sehr weit im Osten von *Zingst* liegt. Ab hier würde ich auf Kurs NE gehen und auf das Leuchttürmchen „Gellen“ zuhalten. Auch damit bliebe ich frei von den Untiefen vor Bock.

Die Einfahrt in die Boddengewässer ist nicht unproblematisch: Eine schmale Rinne zwängt sich, vorbei an seichten Flachs, zwischen den Inseln *Hiddensee* und *Bock* hindurch. Am übelsten ist das Riff nördlich von Bock, das nicht betonnt ist, manchmal auch ganz trokkenfällt, was schon zeigt, wie wenig Wasser man hier auch im Normalfall hat.

Egal, welchen der beiden Kurse man gewählt hat, man sollte sich Hiddensee etwa auf der Höhe des weißen, 10 m hohen Leuchtturms „Gellen“ nähern. Das müßte bei dem Tonnenpaar Grün 13/Rot 10 sein. Hier dreht man nun in den gut betonnten *Gellenstrom* ein, der zwischen den Inseln Hiddensee und Bock hindurch in die Boddengewässer hineinführt. Wichtig ist, sich exakt in der Rinne zu halten, denn dicht daneben wird es stellenweise sehr flach.

Vor uns liegt die weite Wasserfläche des *Kubitzer Boddens,* mit den Ufern von Rügen im Osten. Voraus haben wir die Silhouette von Stralsund. Da wollen wir jetzt nicht hin. Unser Ziel sind die landschaftlich sehr reizvollen Bodden, die sich hinter den Halbinseln Zingst und Fischland Darß 36 Seemeilen lang nach Westen und Südwesten erstrecken.

Ob wir jetzt sofort hineinfahren oder nicht, hängt davon ab, in welchem Zustand Boot und Crew sind, auch, wie spät es schon ist, denn nachts kann man die Bodden nicht befahren, sie sind alle unbefeuert. Sollten wir zu dem Entschluß kommen: nicht weiter, für heute reicht es, dann bietet sich der nahe Hafen

Barhöft

an. Von der Kreuzung Barhöfter Rinne, Vierendehlrinne und Einsteuerung Boddengewässer führt eine gut 500 m lange, gut markierte Rinne in den recht großen Hafen, der mit 4 m auch sehr tief ist, vor allem aber: der überaus günstig nahe den Fahrrinnen liegt. Der Hafen wurde früher, zu alten DDR-Zeiten, ausschließlich von Lotsenbooten und Grenzpatrouillen benutzt. Die Grenzboote braucht man nicht mehr. Die Lotsenboote haben an der Nordwestseite ihren Platz, die Grenzer hatten den ihren früher an der Südostseite. Für Yachten gibt es neuerdings einen Schwimmponton, wo man längsseits gehen kann. Die Versorgung ist praktisch null: nur Strom (am Ponton) und Wasser. Das alles ist aber nicht so wichtig. Der Hafen ist tief, hat Platz und ist vor allem leicht zu erreichen. Dies ist das Entscheidende. Was daraus wird, muß man sehen. Als Militärhafen muß er jedenfalls vor der Wende eine gewisse Bedeutung gehabt haben, das zeigen die immer noch bewohnten Kasernen, die versteckt im Wald liegen.

Wir können den Abend gut nutzen, uns im Schein der Petroleumlampe etwas näher mit den

Boddengewässern

vertraut zu machen: Wollte man zum entferntesten Hafen, nach *Ribnitz-Damgarten,* so wären das 36 Seemeilen, so viel wie von Norderney nach Helgoland. Das muß aber nicht sein, man kann auch einmal ein Stück hineinfahren, sich etwas umsehen, einen der kleinen Häfen aufsuchen oder vor Anker liegen. Größtes Problem für Boote mit stehendem Mast ist die *Brücke von Meiningen.* Sie öffnet nur zweimal die Woche, nämlich Montag und Freitag. Man muß also seinen Törn daraufhin planen, sonst sitzt man fest, so oder so. Bedauerlicherweise beginnt der schönere Teil der Boddengewässer jenseits dieser Brücke, auch die besseren Häfen liegen dort, so daß man sich also schon auf diese Brücke einstellen sollte.

Ansonsten sind diese Gewässer nicht sehr schwierig, unter normalen sommerlichen Verhältnissen jedenfalls. Zwar baut sich, typisch für flache Gewässer, rasch eine kurze, steile Welle auf, aber dem kann man entgehen, wenn man rechtzeitig einen Hafen aufsucht. Der Strom ist abhängig von den Wasserstandsschwankungen in der Ostsee. In den Bodden ist er kaum zu spüren; anders in den schmalen Strömen, da kann er doch beträchtliche Geschwindigkeiten erreichen. Kritisch kann es an den Stellen werden, wo die Ströme in die Bodden übergehen: Hier kann bei Strom gegen Wind eine sehr häßliche Welle entstehen. Aber keine Bange, wir sind im Sommer unterwegs, zu einer Zeit, da extreme Verhältnisse doch eher selten sind.

Kritischer sind die vielen Flachs. In den Strömen sind die Fahrrinnen immer gut betonnt; hält man sich an die Betonnung, kann eigentlich nichts passieren. Anders in den Bodden, den großen, weiten, seenartigen Gewässern. Hier ist die Betonnung mehr als dürftig. Die vor den Ufern sich ausbreitenden Flachs sind alle nicht betonnt. Ja, manches Flach, das mitten im tiefen Wasser liegt, wie etwa das Saaler Riff im Saaler Bodden, ist ebenfalls nicht markiert. Also, da muß man schon etwas vorsichtig sein und sich genau die Karte ansehen, nach Gefühl segeln und eventuell auch koppeln.

Anderer kritischer Punkt sind die Fischernetze, die wie Gardinen im Wasser hängen. Man darf sie keinesfalls überfahren. An ihren Enden sind sie mit Fahnenstöcken markiert, die jeweils zwei Fähnchen tragen.

Wie sind diese merkwürdigen Gewässer eigentlich entstanden? Guckt man auf die Karte, so ähneln die schmalen Halbinseln Darß und Zingst einer Nehrung. Die Bodden waren ursprünglich Meeresbuchten, denen mehrere Inseln vorgelagert waren, vergleichbar etwa den Ostfriesischen Inseln am Wattenmeer. Um die Jahrtausendwende hatte sich soviel Sand angelagert, daß aus den einzelnen Inseln eine langgezogene Halbinsel geworden ist – allerdings noch mit einigen schmalen Passagen, die aber inzwischen auch geschlossen sind. Aus den offenen Meeresbuchten wurden mehrere, zusammenhängende „Binnen“-

seen, die aber auch heute noch mit Brackwasser gefüllt sind, haben sie doch nach wie vor eine Verbindung zum Meer.

So, jetzt lösen wir die Leinen und nehmen Kurs auf die Boddengewässer. Gleich anfangs haben wir eine enge Fahrrinne, die aber gut zu befahren ist, wahrscheinlich aber nur unter Motor. Im Norden, an unserer Steuerbordseite, haben wir die *Insel Bock,* ein Naturschutzgebiet. Dann kommen die Halbinselchen *Kleiner Werder* und *Großer Werder.* Letztere ist der östliche Ausläufer der großen Halbinsel Zingst, die zusammen mit dem Fischland Darß die Boddengewässer zur Ostsee hin abschließt.

Nach etwa sieben Seemeilen erreichen wir den ersten großen Bodden, den *Grabow.* Häfen gibt es hier keine, man kann aber an seiner Westseite recht gut ankern, kommt auch, jedenfalls für hiesige Verhältnisse, relativ dicht unter Land. Der Ankergrund in den Boddengewässern besteht fast immer aus Sand, in den Buchten wird er meist von Schlamm überlagert.

Am Südufer des nächsten Sees, des *Barther Boddens,* liegt der Hafen von

Barth

Es ist der größte in diesem Revier, aber auch der häßlichste. Das einzige, was für ihn spricht: Man kommt leicht hin und findet immer einen Platz, hat auch eine relativ (alles ist hier noch relativ) ordentliche Versorgung. Sonst sehr unattraktiv. Staubig, Kohlehalden, einfach trostlos. Immerhin, es gibt einen Segelclub und sogar eine Bootswerft. Dabei sieht die Stadt mit ihrer überaus wuchtigen Kirche vom Wasser her so übel gar nicht aus. Beschäftigt man sich etwas näher mit ihr, wird es sogar interessant: Barth hatte in der Blüte der Segelschiffahrt 172 Schiffe, die unter seiner Flagge liefen. Es gab auch vier Schiffswerften, und 18 Reedereien hatten ihren Sitz hier. Mit dieser Herrlichkeit war es aber schnell vorbei, als immer größere, vor allem dampfgetriebene Schiffe aufkamen, also um die Jahrhundertwende. Für die großen Schiffe waren die Bodden zu flach, und Barth, das immerhin einmal der zweitgrößte Seehafen in Preußen gewesen war, verlor jede Bedeutung für die Schiffahrt. Der Seehandel lief jetzt über Stettin, Stralsund und Rostock. Aus der Hafenstadt wurde eine mittelgroße Industriestadt, die aber in dieser entlegenen Ecke doch eine gewisse Bedeutung gewann. Typisch für das Stadtbild die vielen kleinen Häuser der Fabrikarbeiter aus der Jahrhundertwende.

Barth, das gut 14 Seemeilen von der Ansteuerung der Boddengewässer entfernt liegt, hat für Bootsfahrer Bedeutung als erster, großer Hafen, wenn man etwa in Barhöft nicht unterkommt.

Lassen wir jetzt Barth mit seiner imposanten Marienkirche im wahrsten Sinne des Wortes links liegen und wenden uns statt dessen dem *Zingster Strom* zu, einem sehr engen Fahrwasser, das sich zwischen Zingst und den flachen Grasinseln *Oie* und *Großer Kirr* dahinwindet.

Zingst

der größte Ort auf der Halbinsel Darßer Fischland/Zingst, ist zuallererst ein Seebad – mit zwei Gesichtern: zur See hin eben Bad und zu den Bodden hin eher ländlich. Und da erinnert es ein wenig an Häfen am Wattenmeer. Das Dorf ist recht hübsch, der Hafen eigentlich auch. Er hat freilich wenig Platz. Vorschlag: einmal an allen Stegen langsam vorbeilaufen und nach einem freien Plätzchen Ausschau halten. Irgendwie und irgendwo wird man sich schon arrangieren.

Läuft man den Zingster Strom weiter südwestwärts, so kommt man bald zum größten Schiffahrtshindernis in diesen Boddengewässern, der

Brücke von Meiningen

Es handelt sich um eine sehr altmodische Bogenbrücke, die im Mittelteil gedreht werden kann. So weit, so gut. Da diese Brücke den Straßenverkehr nicht bewältigt, liegt eben westlich davon eine Pontonbrücke aus, die das eigentliche Hindernis darstellt. Sie wird zur Öffnung umständlich mit Seilen beiseite gezogen – wie schon erwähnt, zweimal die Woche, montags und freitags. Manchmal, und dies heißt für die Berufsschiffahrt: auch zu anderen Zeiten. Aber darauf kann man sich nicht verlassen, durchaus aber den Brückenwärter in Barth anrufen (Tel. Barth 640) und anfragen, ob er zwischendurch öffnet. Sonst muß man sich auf die beiden Öffnungszeiten einstellen: Montag um 19.00, Freitag um 13.00 Uhr.

Eine Warteposition zu finden, ist etwas schwierig, denn unter Umständen herrscht ein beträchtlicher Andrang von Booten. An der Ostseite der Brücke gibt es einen Steg, an der Westseite findet man Dalben zum Festmachen. Unter der Brücke herrscht starke Strömung. Also Motor an. Die Berufsschiffahrt hat Vorfahrt. Gegenverkehr in der engen Durchfahrt unbedingt vermeiden!

Hat man die Schilffelder westlich der Meiningenbrücke hinter sich, so liegt vor einem der sehr buchtenreiche, landschaftlich reizvolle *Bodstedter Bodden.* Zum Segeln, für tiefgehende Kielboote jedenfalls, schwierig, weil vor seinen Ufern ausgedehnte Flachs liegen.

Bevor wir ihn befahren, machen wir einen Abstecher nach *Prerow,* einem einfachen, im Wald gelegenen Ostseebad, das anzusteuern aus mehreren Gründen sich lohnt. Wir nehmen also den *Prerower Strom,* der sich wirklich wie ein Fluß durch die Wiesen und Schilffelder windet. Er hat genug Wasser, ist allerdings sehr schmal. Man sollte sich gut mittig halten. In

Prerow

gibt es einen Hafen, der unbrauchbar ist, und recht gute Liegeplätze, die sich allerdings etwas außerhalb befinden. Letztere würde ich vorschlagen: die Liegeplätze an der Hohen Düne. Man stößt unwillkürlich darauf, ein Steg vor einem

Wäldchen, daneben fest vertäute Hausboote. Am Steg (Heckpfähle) ca. 2 m Wasser, leider sind die Plätze meistens belegt. Dann kann man aber auch mit dem Bug vorsichtig an das Ufer heranfahren und einen Heckanker ausbringen.

Die Autostraße stört zweifellos, dennoch sind die Liegeplätze an der Hohen Düne immer noch besser als die in Prerow selbst. Der Hafen ist nichts weiter als der abgeschlossene Teil des Prerower Stroms, eine Brücke führt darüber. Die einigermaßen brauchbaren Plätze an der südlichen Spundwand beansprucht zum größten Teil das weiße Ausflugsschiff. Sehr laut. Einziger Vorteil: Ein paar Schritte, und man ist im Ort.

Jenseits der Brücke, das sieht man recht deutlich, setzt sich der Prerower Strom fort, ist dort aber ein stehendes, verwunschenes Gewässer, eine natürliche, unberührte Urlandschaft. In der Tat war es so, daß der Prerower Strom einst eine Verbindung von den Bodden zum Meer darstellte. Als aber wieder einmal eine Sturmflut das Land um Prerow verwüstete, war man es leid: Die Verbindung zur Ostsee wurde dichtgemacht, hohe Deiche wurden aufgeworfen, so daß das Land seither (1872) seine Ruhe hat.

Was ich in Prerow machen würde: ein Fahrrad mieten und Richtung Darßer Ort radeln. Das ganze Gebiet ist inzwischen unter Naturschutz gestellt und wirklich zauberhaft, besonders, wenn man ganz nach Westen kommt, in die Dünenlandschaft um den alten Leuchtturm.

Am Bodstedter Bodden gibt es zwei Häfen, denen gemeinsam ist, daß beide sehr wenig Wasser haben. Der im Norden gelegene von *Wieck* hat so wenig, daß eine Kielyacht ihn nicht anlauen kann. Wenn, dann

Bodstedt

Man quert am besten den Bodden mit Kurs SW, etwa bis hin zu dem Tonnenpaar Grün 19/ Rot 20. Von hier aus mit Kurs 142° etwa eine Seemeile lang auf den Hafen zu. Die Rinne, die über das Flach führt, ist betonnt. Mit mehr als 1,50 m Tiefgang läuft man den Hafen besser nicht an. Er hat sehr wenig Platz. Im Westen gibt es ein winziges, meist dichtbelegtes Becken (Wassertiefe etwa 1,30 m). Besser, größer und tiefer (bis zu 2,10 m) ist das östliche. Nur, hier findet man auch schlecht einen Platz, am ehesten noch an der neuen Anlegebrücke, linker Hand der Einfahrt.

Eines von vielen: schön restauriertes Fischerhaus auf Darß.

Es kann also durchaus sein, daß man den Hafen zwar gut erreicht, aber keinen Liegeplatz findet. Was schade wäre, denn es handelt sich um einen überaus hübschen Platz. Wiesen, Bäume, eine kleine Werkstatt, und die nicht ohne Grund: Bodstedt ist *der* Heimathafen der Zeesboote, der traditionellen Fischerboote der Boddengewässer. Da es sich um Holzschiffe handelt, gibt es immer etwas daran zu tun. Im September findet vor Bodstedt die traditionelle Zeesboote-Regatta statt, ein Spektakel, das Tausende Schaulustiger anzieht. Diese Zeesboote sind ein erhalten gebliebenes Stück Boddengeschichte. Sie sind etwa 10,50 m lang und 3,50 m breit, mit einem den flachen Gewässern entsprechenden sehr geringen Tiefgang. Der Name kommt von Zeese gleich Schleppnetz. Die Boote setzten ihre Segel und ließen sich dann quer zum Wind treiben – mit den ausgebrachten Schleppnetzen, für die es an Bug und Heck weit auskragende Stangen gab, die später wieder eingezogen werden konnten. Sehr stark waren die Zeesboote im 19. Jahrhundert verbreitet. Um 1950 stellten die letzten ihren Dienst als Fischerfahrzeuge ein. Heute werden sie von ihren Eignern mit viel Aufwand und noch mehr Liebe erhalten und gepflegt. Die Flotte ist immer noch erstaunlich groß.

Nicht nur das Liegeplatzangebot, auch die Versorgung in Bodstedt ist mäßig. Wasser pumpt man mit einer quietschenden Pumpe hoch, aber das ist alles nicht so wichtig: Der Hafen ist wirklich eine kleine Idylle.

Westlich des Bodstedter Boddens beginnt der landschaftlich schönste Teil der Boddengewässer: Die Ufer rükken ganz nahe zusammen, das Fahrwasser, erst der *Nadelstrom,* dann der *Koppelstrom,* windet sich zwischen Schilf und Inselchen hindurch, eine wirklich idyllische Passage. Was sonst nicht immer einfach ist, nämlich ankern, hier ist es gut möglich. Bei nördlichen und östlichen Winden liegt man gut in der Bucht südwestlich der Halbinsel *Bliesenrade.* Bei südlichen, bedingt auch bei westlichen und östlichen Winden findet man einen geschützten Platz in der Bucht zwischen der Halbinsel *Rhedeort* im Westen und dem Inselchen *Jägerbülten* im Osten.

Wer seinem Ankergeschirr nicht traut, kann sein Boot zu dem kleinen Anleger von

Born

steuern, einer Betonbrücke von vielleicht 50 m Länge. Man darf nur außen am Kopf liegen. Linker Hand ein Fischzuchtbetrieb, rechter Hand macht der Ausflugsdampfer fest. Bei nördlichen Winden nicht schlecht, sonst sehr unruhig. Keine Versorgung am Hafen, aber dafür ein ausnehmend hübsches Dorf – früher von Fischerfamilien bewohnt, heute mehr von Menschen, die des Großstadtlebens müde geworden sind. Wie immer, haben sie mehr Zeit und Sorgfalt und auch Geschmack auf die Renovierung und Erhaltung der alten Reetdachhäuser verwendet als die Einheimischen, so daß man noch viele romantische Anwesen bestaunen kann.

Mit dem

Saaler Bodden

hat man nun das größte und auch zum Segeln am besten geeignete Gewässer vor sich. Der Boden ist knapp zehn Seemeilen lang und zwischen drei und einer Seemeile breit.

Ganz aussegeln kann man freilich auch ihn nicht. Die für die Boddengewässer typischen Flachs vor den Ufern gibt es auch hier. Wenn man ein bißchen mitkoppelt, das Echolot laufen läßt und fleißig auf die Karte guckt, geht es schon. Indes, soviel Gutes ist uns offensichtlich nicht gegönnt: Denn das meiner Meinung nach übelste Flach befindet sich hier, das *Saaler Riff.* Eigentlich sind es zwei kritische Stellen, eine 0,9 m, die andere 1 m tief, aber beide sind nicht extra betonnt. Man muß einfach aufpassen, daß man bei dem einsamen Tonnenpaar Grün 3/Rot 84 nicht unversehens nach Südosten beziehungsweise Nordosten gerät.

Dem Saaler Bodden fehlt, schon wegen seiner Größe, die Intimität der anderen Bodden. Die Ufer sind fern, dunkle Striche nur, meistens von Wäldern bestanden.

Dafür liegen hier die besten Häfen dieses Reviers, und zwar gleich vier an der Zahl.

Der nördlichste ist

Althagen

Man erreicht ihn von dem ziemlich zentral gelegenen Tonnenpaar Grün 1/Rot 82 aus. Von hier aus läuft man etwa Kurs 300°. Nach zwei Seemeilen erreichte man die betonnte Rinne, die zum Hafen führt.

Der kleine und ruhige Hafen liegt hinter einem weiten Schilffeld. Auffallend schon von weitem die weißen Bootshäuser an seiner Westseite; sie gehören der Sportgemeinschaft Ahrenshoop. Bester Platz wäre der lange Steg an der Westseite, hier legt aber das Fahrgastschiff an. Dennoch, wenn man fragt, wird man schon einen freien Platz finden. Ansonsten an die Ostseite oder an die Nordkade (Wassertiefe 1 m). Versorgung fast null. Die Sportgemeinschaft hat in dem weißen Schuppen die üblichen, allerdings einfachen sanitären Einrichtungen. Abgesehen von diesen Unzulänglichkeiten ein stimmungsvoller Hafen, der einem gut gefallen kann.

Man sollte hier ruhig ein bißchen länger bleiben, zu dem Künstlerdorf *Ahrenshoop* sind es nur ein paar Schritte. In den achtziger Jahren des vorigen Jahrhunderts entdeckten Maler den Reiz dieses Dorfes zwischen Meer und Bodden und ließen sich hier nieder. Diese Tradition hat sich gehalten. Noch immer gibt es die schon Anfang unseres Jahrhunderts errichteten Kunstkaten, wo wechselnde Ausstellungen stattfinden. Zum Ostseestrand mit seinem bis zu 18 m hohen Ufer sind es nur ein paar Schritte. Der Ort mit seinen gepflegten Reetdachhäusern wirkt heimelig. Man muß aber fürchten, daß er deswegen und wegen seiner landschaftlich so überaus schönen Lage das werden wird, was auf Sylt inzwischen Kampen geworden ist.

Auch wenn der Vergleich etwas weit hergeholt scheint:

Wustrow

unser nächstes Ziel, wirkt verglichen mit dem heiteren Ahrenshoop geradezu städtisch. Vielleicht macht es der graue, massige Bau der Seefahrtsschule aus, vielleicht die hohe Backsteinkirche über dem Hafen oder die ansehnlichen früheren Kapitänshäuser. Und: Es hat einen guten Hafen. Daß er etwas klein ist, braucht eigentlich nicht eigens erwähnt zu werden, denn das ist in diesem Revier überall so.

Verläßt man Althagen, so halte ich es für das Beste, das Tonnenpaar Grün 3/Rot 84 anzuliegen, das westlich vom Saaler Riff ausliegt. Kurs etwa 155°. Danach sollte man nicht direkt auf das knapp 1,5 Seemeilen entfernte Tonnenpaar zuhalten, das die Ansteuerung von Wustrow markiert, weil man mit dem Kurs 260° über die 2-m-Linie ins flache Wasser gerät. Besser: nach Gefühl einen Bogen etwas südlicher schlagen oder auf die Tonnen Grün 5/Rot 88 zu, von da dann auf die eine Seemeile entfernte Ansteuerung zuhalten. Die Rinne ist gut betonnt, daneben wird es aber rasch untief. Zwischen dem Tonnenpaar Grün 5 / Rot 6 und Grün 7/Rot 8 kommt es immer wieder zu Versandungen. Auch zwischen dem ersten und dem zweiten Tonnenpaar kann sich eine Barre aufbauen. Etwa 250 m vor dem Hafen liegt an der Steuerbordseite, hart am Fahrwasser, ein Stein (Wassertiefe ca. 1,50 m). Das alles mag abschreckend klingen, ist aber nicht so gemeint. Man kommt schon gut nach Wustrow und sollte es auch tun.

Eben vor dem Hafen befinden sich an beiden Seiten Steganlagen örtlicher Wassersportclubs. Abgesehen von der geringen Wassertiefe (im Westen maximal 1m, im Osten maximal 1,50 m): Man wird hier selten einen freien Platz finden. Deshalb am besten hinein in das handtuchschmale Becken, das Wassertiefen zwischen 2,10 m (vorne) und 0,60 m (hinten) aufweist. An der Westseite muß Platz für das Fahrgastschiff freigehalten werden. Versorgungsmöglichkeiten am Hafen wie gewohnt, also mäßig. Doch im Ort eine Tankstelle und natürlich Lebensmittel.

Wustrow kann mit Recht stolz auf eine weit zurückreichende Geschichte sein. Viele

Funde belegen, daß die Gegend um Wustrow schon in der Steinzeit bewohnt war, wahrscheinlich wegen der fischreichen Boddengewässer. Auf dem Hügel, auf dem die große Backsteinkirche steht, legten die Wenden einen Burgwall an, in dem sich eine Kultstätte für ihren Gott Swantewit befand. Diese Burg soll Swante Wustrow geheißen haben, daher also der Name Wustrow, gleich Heilige Insel. Im Mittelalter gehörte der Ort zum Kloster Ribnitz, es war eine Schenkung Heinrichs des Löwen. Später hatte Wustrow eine erhebliche Bedeutung als Seglerhafen und Fischerort. Um die Mitte des vorigen Jahrhunderts soll es hier 132 Frachtensegler gegeben haben. An diese Zeit erinnern die nach Wohlhabenheit riechenden Kapitänshäuser, die man überall im Ortsbild findet. Nicht versäumen sollte man, auf den Kirchturm zu steigen. Von seiner Galerie aus hat man einen atemberaubenden Blick über die Bodden und auf die Ostsee.

Eben südwestlich, an der Bucht *Permin*, ist die schmalste Stelle vom Fischland Darß, die bei Sturmfluten immer wieder durchbrochen wurde, inzwischen aber längst durch Deiche gesichert ist. Im Mittelalter soll es eine schiffbare Passage gewesen sein und, wie die Sage geht, auch ein Schlupfwinkel für Seeräuber, bis es den Stralsundern zu bunt wurde und sie den Hafen zerstörten.

Noch ein Hinweis: Auch in Wustrow gibt es einige der traditionellen Zeesboote. Sie haben ihren Stammplatz an der Einbuchtung linker Hand von „unserem" Becken. Diese Plätze sollte man also frei lassen.

Den nächsten Hafen,

Dierhagen

sollte man nicht auslassen, und dies aus mehreren Gründen. Er liegt etwa drei Seemeilen von Wustrow entfernt, ebenfalls am Westufer. Das tiefe Wasser reicht bis an das Bollwerk heran, dennoch sollte man sich im Tonnenstrich halten. Vorab das Beste: Das große Becken im Norden hat mit 2,50 m für hiesige Verhältnisse enorm viel Wasser und – wenn man nicht gerade am Wochenende ankommt – auch gut Platz. Das ist anders in der südlich davon gelegenen Bucht mit ihren Stegen, dem eigentlichen Sportboothafen. Also in das große, tiefe Nordbecken. Nur vorne läßt man an der Brücke Platz für die Weiße Flotte, sonst kann man sein Boot überall festmachen. In dem weißen Haus auf der kleinen Halbinsel eine Gaststätte: Vielleicht erkennt der Besitzer einmal, daß man nur dann Geld verdienen kann, wenn man auch geöffnet hat.

Zum hübschen, aber nicht aufregenden Dorf führt ein Damm, durch ein großes Schilffeld hindurch. Im Ort Lebensmittel etc. Am schönsten ist es wirklich am Hafen, mit dem wogenden Schilf, den Bäumen dahinter, den zu Pyramiden hochgestellten Fischstöcken und den zum Trocknen aufgehängten Netzen.

Interessant ein Ausflug zu dem nur 1,5 Kilometer entfernten Kleinen Moor, das aber mit seinen 104 Hektar recht groß ist: ein Küstenhochmoor, das unter Naturschutz steht. Stege führen hindurch. Die sollte man aber nicht verlassen, denn sonst kann es gefährlich werden.

Neben Barth ist das am südlichen Ende des Saaler Boddens gelegene Ribnitz-Damgarten die größte Stadt an den Bodden. Es hat auch einen richtigen Stadthafen, der allerdings beträchtlich kleiner ist als der von Barth. Von Dierhagen sind es nicht mehr als vier Seemeilen. Die Anfahrt ist nicht schwer, weil gut betonnt. Man sollte aber in der Rinne bleiben, denn der südliche Teil des Boddens ist doch arg verschlammt. Auffallendste Landmarke ist die große Kirche von

Ribnitz-Damgarten

Vom Bodden aus führt eine gut betonnte Rinne zum Stadthafen, die man tunlichst nicht verlassen sollte, wie überhaupt die ganze Umgebung des Hafens sehr wenig Wasser hat. Das gilt auch für die östlich vom Hafen gelegenen Stege des Segelclubs. Also in den Stadthafen. Das östliche Becken ist verschlammt. Wir suchen uns deshalb einen Liegeplatz im westlichen. An der Mittelmole, Westseite, macht das Fahrgastschiff fest. Die Versorgung ist an sich gar nicht so übel: an der Westseite des Hafens ein ehemaliges NVA-Objekt, wo Reparaturen, auch an Motoren, ausgeführt werden. Am Hafen eine Fischhalle, wo man frischen Fisch kaufen kann. Zur Stadt, den Berg hoch, zum Marktplatz, sind es nur ein paar Minuten. Leider ist es ziemlich unruhig am Hafen, denn das Hafengelände dient auch als Parkplatz, und vor allem: Die vielbefahrene Bundesstraße führt dicht daran vorbei.

Für flachgehende Boote sind die Stege des Segelclubs durchaus eine Alternative. Außen hat man etwa 1 m Wasser, das zum Ufer hin auf 0,50 m abnimmt. Am Kopf des östlichen Steges das Hafenmeisterbüro. Hier macht man zunächst fest. Hier bekommt man auch Schlüssel für die Stegtore. Neben dem verschnörkelten ehemaligen Clubhaus (jetzt Restaurant) die sanitären Einrichtungen des Clubs. An den Stegen Wasser und Strom. Alles nicht schlecht, man liegt allerdings sehr exponiert und ungeschützt.

Die Geschichte der Doppelstadt Ribnitz-Damgarten ist interessanter als ihr heutiges Aussehen. Das doch eher einfache Landstädtchen zählt heute knapp 20000 Einwohner. Entlang dem Flüßchen Recknitz verlief früher die Grenze zwischen Mecklenburg und Pommern. Ribnitz war mecklenburgisch, Damgarten pommerisch. Im Mittelalter war das Kloster von großer Bedeutung für die Entwicklung dieses Landstrichs. Immer noch sehenswert das Klostergelände mit der Klosterkirche (wertvolle Innenausstattung, Bernstein-Museum).

Obwohl doch ziemlich weit von der See entfernt, spielte die Schiffahrt für die Stadt früher eine bedeutende Rolle. Drei Werften waren hier ansässig, die einen großen Teil der Fischländer Schiffe auf Kiel legten. Das ist alles vorbei. Heute verfügt die Doppelstadt über eine ansehnliche Industrie (von der man am Hafen aber nichts merkt).

Bei der Planung der

Rückreise

muß man sich in erster Linie nach den Öffnungszeiten der Meiningenbrücke richten. Wir wissen: Sie öffnet nur zweimal die Woche, am Montag um 19.00 und am Freitag um 13.00 Uhr. Man sollte möglichst eine Stunde vor den Öffnungszeiten dort sein und dementsprechend den Törn planen. Von Ribnitz-Damgarten aus sind es rund 18 Seemeilen bis zur Brücke.

Danach kommen nochmals gut gerechnet 18 Seemeilen bis zur Mündung der Bodden. Von Ribnitz-Damgarten aus sind das zusammen 36 Seemeilen, ein strammer Tagestörn. Es stellt sich dann schon die Frage, ob man noch am gleichen Tag weiter will oder nicht doch besser in Barhöft zur Nacht liegt. Von Barhöft nach Neuendorf auf Hiddensee (unserem nächsten Törn) wären es 15 Seemeilen, nach Stralsund immerhin noch acht.

Nautische Unterlagen: *Sportbootkartensatz Nr. 3005 „Karten der Ostsee von Travemünde bis Stralsund", „Verzeichnis der Leuchtfeuer und Signalstellen, Teil II: Ostsee, SW-licher Teil, und Gewässer zwischen Ost- und Nordsee", Nr. 2101.*

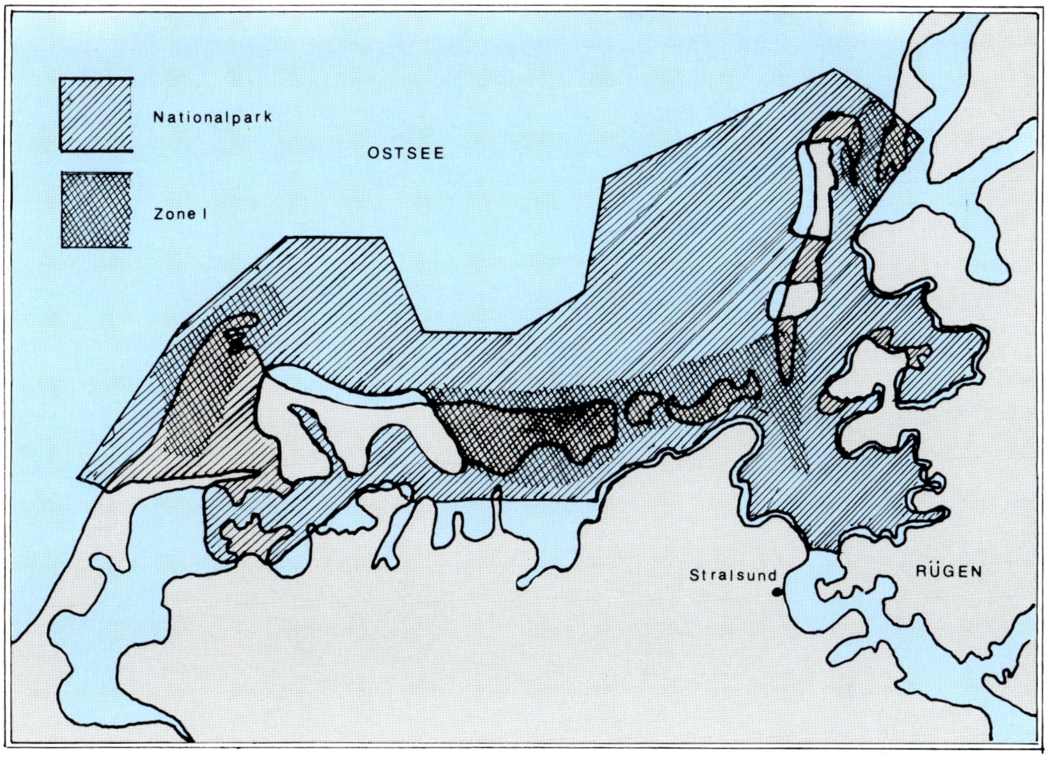

Nationalpark Vorpommersche Boddenlandschaft

Ein Nationalpark, was ist das eigentlich? Zum Nationalpark erklärt zu werden, ist der höchste Schutz, der einer Region gewährt werden kann. Der Nationalpark Vorpommersche Boddenlandschaft verdankt seine Existenz einer Bürgerinitiative, die es sich zum Ziel setzte, diese einmalige Küstenregion so gut wie möglich zu schützen. Im März 1990 wurde auf diese Initiative hin von der damaligen DDR-Regierung ein Nationalparkprogramm beschlossen.

Die Landschaft zwischen Fischland Darß, Zingst und der Insel Hiddensee mit ihren Buchten und Bodden gehört zu den eigenartigsten Küstenregionen Europas. Alles unterliegt hier noch einer natürlichen Veränderung, wie etwa die Sandriffe vor Darßer Ort. Diese Region weist auch alle typischen Erscheinungen der Ostseeküsten auf: Steil- und Flachküsten, Nehrungen, Strandseen und Bodden, außerdem Windwatten, Dünen und natürlich Strände.

Auch heute noch werden diese Gebiete von seltenen Pflanzenarten und interessanten Tierarten bewohnt. Es gibt in den urwüchsigen Wäldern, in den Mooren und Dünen noch den Seeadler, die Fischotter und den Kranich, um nur einige der anderswo nicht mehr auftretenden Tierarten zu nennen.

Die Karte zeigt den Nationalpark. Wie man erkennt, sind einige Gebiete ausgespart: die Gegend um Prerow und Zingst sowie die beiden am dichtesten besiedelten Gebiete von Hiddensee, darunter auch die Strände.

Die am stärksten geschützten Gebiete werden als *Zone 1* bezeichnet. Wie man aus der Karte ersehen kann, bedecken sie auch Fahrwasser, wie etwa die Gellenrinne, die Einfahrt zu den Bodden. Es wäre aber falsch, daraus zu schließen, daß diese Gebiete jetzt für Sportboote gesperrt wären. Offen sind nach wie vor die Fahrwasser. Die Zonen 1 dürfen also befahren werden, aber eben nur in den markierten Fahrrinnen.

Alle anderen Zonen des Nationalparks unterliegen natürlich auch einem gewissen Schutz, aber nicht diesem extremen wie die Zonen 1. Dennoch: Als Segler, die wir ja besonders eng mit der Natur leben, liegt uns sehr daran, diese einmalige Küstenregion so gut wie möglich zu schonen.

3 KREIDEFELSEN UND NOCH VIEL MEHR

DIE GEWÄSSER UM RÜGEN

Unvermittelt bricht der Buchenwald bei Stubbenkammer in einer steilen Wand ab. Kilometerlang zieht sich die Kreideküste an der Ostseite von Rügen hin. Unentwegt nagt die See an diesem weichen, weißen Gestein.

1 *Neuendorf, südlichster Hafen auf Hiddensee. Sportboote liegen in der südlichen Hafenbucht.*

2 *Der Segler läuft durch den Gellenstrom, die Verbindung zwischen Boddengewässern und Ostsee. Oben Hiddensee, vorne die Insel Bock mit der Einfahrt zu den Boddengewässern.*

3 *Vitte, der größte Ort auf Hiddensee.*

4 *Der Yachthafen von Vitte liegt etwas nördlich vom Fährhafen. Ein guter Platz. Es gibt Pläne, hier einen großen Bootshafen anzulegen.*

2

3

4

1 *Kloster, das schönste Dorf auf Hiddensee. Hinter dem Ort steigt der teilweise dichtbewaldete Dornbusch an, das Hügelland im Norden.*

2 *Kuhle, ein einsamer, winziger Hafen am Scheitel des Wieker Boddens. Wahrschau vor dem manchmal überspülten Steindamm!*

3 *Wiek, am Ostufer des gleichnamigen Boddens. Ziemlich großer, doch wenig attraktiver Hafen.*

1

1 *Breege, alter Seglerhafen am geschützten Bodden. Gegen Ende des vorigen Jahrhunderts nannte der Ort 46 seegehende Segelschiffe sein eigen.*

2 *Lietzow: Brücke am Straßendamm zwischen Großem (vorne) und Kleinem Jasmunder Bodden.*

3 *Ralswiek. Sehr schön gelegener Hafen am Großen Jasmunder Bodden.*

4 *Das hoch über dem Wasser gelegene Schloß Ralswiek wurde gegen Ende des vorigen Jahrhunderts gebaut, merkwürdigerweise für einen schottischen Adeligen.*

Nochmals Ralswiek, der wohl schönste Hafen auf Rügen, im Herzen der Insel gelegen. Man sieht hier sehr gut die Flachs beiderseits der Einfahrt. Das linke, das sich noch ein ganzes Ende nach Norden erstreckt, kann sogar trockenfallen.

1

1 *Blick über Schaprode auf Hiddensee und den Schaproder Bodden. Würde nicht der große weiße Inseldampfer den Platz zum Drehen brauchen, könnte man im tiefen Schaproder Strom (vorne) sehr gut ankern.*

2 *Waase, kleiner Anleger im Süden der Insel Ummanz. Umständlich zu erreichen. Anfahrt lohnt, Hafen nicht.*

3 *Bei Waase.*

Stralsund von Norden – was für eine Stadt! Vorne die Liegeplätze an der Nordmole. Im Hintergrund die Insel Dänholm und der Rügendamm.

1 *Stralsund, Nordmole. Wenig Platz, aber Stadtatmosphäre.*

2 *Stralsund von Süden. Unten der Yachthafen an der Volkswerft, dann die Ziegelgrabenbrücke, rechts Dänholm mit den Yachtstegen.*

3 *Stralsund, Stadt von Wasser umgeben. Selbst dem großen Wallenstein trotzte die Stadt am Strelasund.*

4 *Yachthafen entlang der Ostmole auf Dänholm.*

1

2

3

4

1 *Abschied von Hiddensee mit seinem Leuchtturm auf dem Dornbusch – jetzt beginnt unser Törn Rügen rund.*

2 *Kap Arkona.*

3 *Saßnitz. Hafen an der Ostseite von Rügen. Boote liegen in dem U-förmigen Yachthafen oder machen an der Ostmole fest.*

4 *Mukran. Reiner Fährhafen, eben südwestlich von Saßnitz in der Prorer Wiek.*

Die weißen Kreidefelsen von Stubbenkammer, das frische Grün der Buchenwälder, das dunkle Blau der Ostsee – das ist der Grundakkord von Rügen, Deutschlands größter Insel. Wir werden das alles auf diesem Törn sehen und erleben. Aber auch die Grasberge von Mönchgut, die dunklen, stillen Boddengewässer, die einsamen Fischerdörfer und natürlich Hiddensee, das Kleinod zwischen der Ostsee und Rügen, einst die Insel der Prominenten, heute aber ein fernes, abgelegenes Eiland. Und zum Schluß kommen wir nach Stralsund, der alten Hansestadt am Strelasund.

Ob man nun in die Boddengewässer hinter Zingst und Darß will oder nach Hiddensee und Rügen: Ich würde nach der Anfahrt, wenn man von See kommt, immer zuerst den Hafen

Barhöft

anlaufen. Er ist der erste erreichbare, liegt sehr günstig zum Fahrwasser und weist beträchtliche Wassertiefen auf. Nur mit der Versorgung hapert es ein wenig. Zum Übernachten aber, nach einem langen Törn, ist er ideal. Mehr über den Hafen auf Seite 48.

Wenn wir in die Boddengewässer von Rügen wollen, so wird es immer eine umständliche Anfahrt werden, denn so groß und ausgedehnt diese Gewässer auch erscheinen: Zum allergrößten Teil sind sie so flach, daß man sie mit dem Boot nicht befahren kann. Fast immer hat man sich in den engen, allerdings auch gut betonnten Fahrrinnen zu halten.

Um nach Hiddensee zu kommen, muß man von Barhöft aus zunächst vier Seemeilen nach Südosten laufen, danach wieder vier Seemeilen nordwärts – und hat doch fast nichts gewonnen, außer daß man jetzt etwa zwei Seemeilen östlich von Barhöft steht, wo man schon ein paar Stunden zuvor die Leinen gelöst hat.

Also nach Hiddensee! Wir schippern von Barhöft aus in der *Vierendehlrinne* südostwärts. Voraus haben wir die imposante Silhouette von Stralsund mit seinen Kirchen und Speicherhäusern. Nach rund gerechnet vier Seemeilen, bei der grünen Leuchttonne Nr. 83 (Blz.gn.), drehen wir den Bug nach Nordnordwest: Eine Seemeile voraus liegt eine dünne rote Spiere. Darauf halten wir zu, sie trägt die Nr. 90. Nach einer weiteren Meile erreichen wir den Tonnenstrich, der sich auf Generalkurs Nord zwischen *Hiddensee* und den Halbinseln Ummanz und Udars hinzieht. Der weit nach Osten ausgreifende *Kubitzer Bodden,* so imposant er auch aussieht, ist nicht zu befahren, obwohl er streckenweise ausreichend tief ist. Es fehlen die Tonnen.

Hiddensee begleitet uns im Westen auf unserer Fahrt nordwärts. Die Insel liegt wie ein Strich auf dem Wasser, so flach ist sie in ihrem südlichen Teil; erst ganz im Norden, beim Dornbusch, steigt sie zu eindrucksvoller Höhe an.

Im *Schaproder Bodden* angelangt, müssen wir uns entscheiden, wohin es gehen soll: nach Hiddensee oder nach Schaprode, einen besonders guten und schönen Hafen. Ich schlage vor, daß wir uns den für die Rückreise aufheben. Also nach Hiddensee!

Die Insel hat drei Häfen: Neuendorf, Vitte und Kloster – Neuendorf ist brauchbar, Vitte der beste, in Kloster kommt eine Yacht nicht unter. Den südlichsten,

Neuendorf

erreicht man von der grünen Spitztonne Nr. 29 aus. Von hier führt eine gut betonnte, tiefe Rinne mit Kurs NNW auf den gut eine Seemeile entfernten Hafen zu. Das Revier wirkt trotz der weiten Wasserflächen eher intim: Im Osten lugt die Kirche von Schaprode aus den Bäumen, ein malerischer Anblick. Voraus haben wir die Dünenlandschaft von Hiddensee und im Norden den steil ansteigenden Dornbusch mit seinen dunklen Wäldern. Auffallend, wenn man auf Neuendorf zuläuft, eine blendend weiße Düne eben südlich vom Hafen, der von einer breiten Mittelmole, die für die Fähren reserviert ist, in zwei Hälften geteilt wird: im Norden das kleine, baumumstandene Becken der Fischer, im Süden eine halbkreisförmige Bucht, eher ein Sandloch, wo Yachten festmachen, und zwar indem sie mit dem Bug vorsichtig an die Kante heranfahren und einen Heckanker ausbringen. Um den Steven zu fixieren, gräbt man am besten den Buganker in den Sand ein. Die schon erwähnte Düne mit ihrem Strandhafer bietet etwas Schutz.

Man liegt eigentlich nicht schlecht hier, nur bei östlichem Wind wird es ungemütlich, aber das ist bei allen Häfen auf Hiddensee so. Die Versorgung ist eher mäßig, Lebensmittel

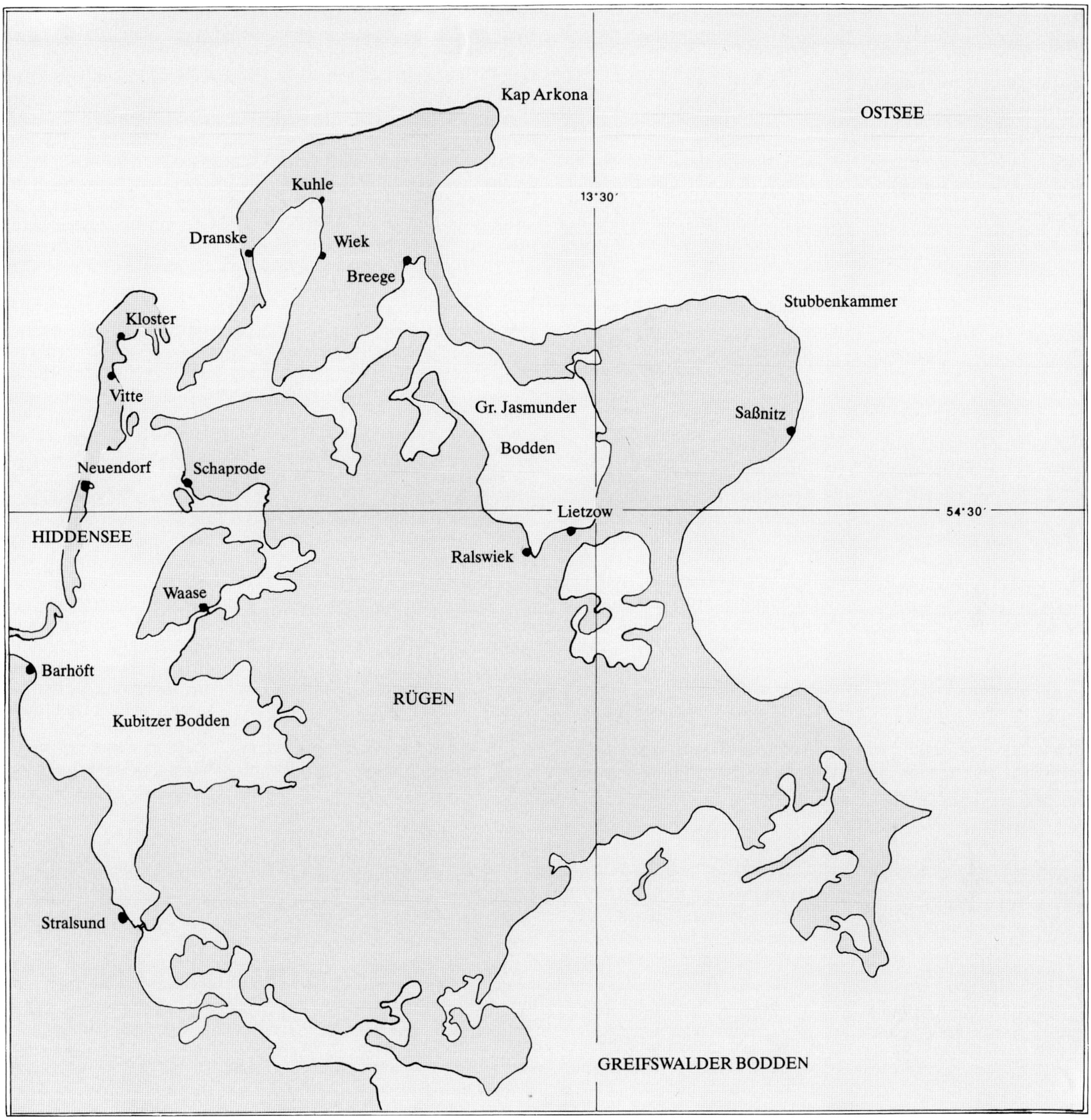

bekommt man im „Ort", Wasser am Hafen. Damit hört die Versorgung schon auf. Also, man tut gut daran, sich vorher zu verproviantieren.

Von einem Ort Neuendorf kann man eigentlich nicht sprechen. Es sind einzelne Häuser, die auf Sandhügeln stehen, alle weiß gekalkt, die meisten noch mit einem Reetdach. Zum schönen Ostseestrand ist es nicht weit. Lohnenswert auch ein Spaziergang zum Süden der Insel, nach Gellen und zur einsamen Neuendorfer Heide.

Ich finde alles in allem Neuendorf nicht schlecht, aber auch nicht ideal, und so ist doch zu überlegen, ob man nicht gleich nach

Vitte

segeln sollte, wie üblich immer im Tonnenstrich, und zwar sehr exakt, denn oft wird es daneben extrem flach. Auch Fischernetze sind immer wieder bis an die Fahrrinne gespannt. Vitte hat einen meiner Meinung nach stimmungsvollen Hafen, den wir aber nicht anlaufen können, weil er für unsereins keinen Platz hat.

Dafür gibt es hier, eine Seltenheit in diesem Revier, einen richtigen Yachthafen. Er liegt einen Steinwurf weiter im Norden, im flachen Land vor dem Deich. Bei der grünen Tonne Nr. 7 zweigt eine Rinne ab, die zum Yachthafen führt und mit vielen kleinen grünen und roten Tonnen markiert ist. Wassertiefe gut 2 m. Der Yachthafen besteht im wesentlichen aus einem ca. 70 m langen Steg mit Heckpfählen. Außen hat man gut 2 m Wassertiefe, innen etwa 1,80 m. Zum Ufer hin geht es allerdings drastisch runter. Als einziger „richtiger“ Seglerhafen auf Hiddensee ist er im Sommer meist hoffnungslos überfüllt. Das soll sich aber ändern, denn es gibt Pläne, hier einen Yachthafen für 250 Boote zu bauen. Bis dahin muß man sich irgendwie arrangieren. Die Versorgung ist (noch) mäßig, allerdings gibt es schon Strom am Steg und zwei nette Holzhäuschen. Es braucht eben alles seine Zeit.

Der Hafen liegt recht hübsch im flachen Vorland. Büsche, Schilf, der Deich – man könnte sich fast an das Wattenmeer erinnert fühlen. Zum Dorf Vitte sind es nur ein paar Minuten. Ganz in der Nähe zwei pittoreske Häuschen. Das eine, das blaue, heißt „Karusel“; es gehörte einst der zu ihrer Zeit berühmten Filmschauspielerin Asta Nielsen. Über die Prominenz auf Hiddensee später noch mehr.

Vitte eignet sich am besten als Ausgangspunkt, um sich Hiddensee anzusehen. Von hier erreicht man nach einer guten halben Stunde Fußwegs, immer auf dem Deich und den Strand entlang, das schönste Inseldorf,

Kloster

das sich an die Ausläufer des Dornbusch anschmiegt, des steil ansteigenden Hügellands im Norden. Der kleine Ort verschwindet fast ganz im Wald, einzelne Häuser, sandige Wege, dazu ein kleiner Hafen – alles sehr, sehr schön.

In Kloster, fast ganz von hohen Bäumen verborgen, steht das Haus des Dichters Gerhart Hauptmann, der auch auf dem nahen Friedhof begraben liegt. Der Dichter war 1885 erstmals nach Hiddensee gekommen; später kaufte er dann von der Gemeinde das „Haus Seedorn“, das er auch erweitern ließ. Jetzt ist hier eine Gedenkstätte eingerichtet. Gerhart Hauptmann hat seine erste Begegnung mit der Insel so beschrieben: „Diese Klarheit! Dieses stumme und mächtige Strömen des Lichts! Dazu die Freiheit des Wanderns über die pfadlose Grastafel. Dazu der Salzgeschmack auf den Lippen. Das geradezu bis zu Tränen erschütternde Brausen der See.“

Gerhart Hauptmann lebte Jahr für Jahr mehrere Monate auf Hiddensee, aber er war beileibe nicht der einzige, der den Reiz dieser Insel entdeckt hatte. In den zwanziger und auch noch dreißiger Jahren war Hiddensee die Prominenteninsel schlechthin, so wie es heute Sylt ist. Alles, was in jenen turbulenten Jahren in Berlin Rang und Namen hatte, zog es sommers nach Hiddensee: Thomas Mann, Albert Einstein, die schon erwähnte Asta Nielsen, die in ihrem „Karusel“ wilde Feste feierte, Käthe Kruse, Heinrich George, Ernst Barlach, Otto Gebühr, Willy Forst, Peter Kreuder, Lilian Harvey, Max Reinhardt, Otto Klemperer, Käthe Kollwitz, Gustav Gründgens, um nur die bekanntesten zu nennen. Auch wenn viele dieser Namen heute nur noch Älteren ein Begriff sein mögen: Es war in jener Zeit fast die gesamte Berliner Prominenz, die sich im Sommer auf Hiddensee traf. Man braucht kein Prophet zu sein, um vorherzusagen, daß es wieder so kommen wird, denn die Insel ist einfach zu schön, und sie liegt nicht allzu weit weg von Berlin, unserer alten und neuen Metropole.

Hiddensee, dessen Umriß mit einiger Phantasie an ein Seepferdchen erinnert, ist 16 Kilometer lang und zum allergrößten Teil sehr schmal: An der engsten Stelle mißt es gar nur 240 Meter. Größtenteils ist die Insel flach, mit niedrigen Sanddünen. Nach Osten zu wirkt das Land wie eine Marsch, sumpfig und mit Schilffeldern. Im Westen zieht sich ein schier endloser, weißer Sandstrand dahin. Der Dornbusch, das Hügelland im Norden, steigt bis auf 70 Meter Höhe an, um dann zur Ostsee hin steil abzubrechen. Auf diesem teilweise mit Bäumen bestandenen, grünen Dornbusch steht im Nordwesten der gleichnamige Leuchtturm, ein 28 Meter hoher, grauer Turm, der sein Blinkfeuer 21 Seemeilen weit über die Ostsee schickt. Der Blick von dort oben ist überwältigend. Bei klarer Sicht kann man sogar die weißen Klippen von Mön in der Sonne blinken sehen. Und nach Süden schaut man über ganz Hiddensee, das „seute Länneken“, das „süße Ländchen“, wie es die Insulaner nennen.

Die Insel liegt wie ein Wellenbrecher vor Rügen, und die See nagt unentwegt an ihr. Ganz im Süden, bei Gellen, ist im Laufe der Jahrhunderte besonders viel Land verlorengegangen. Wo sich heute eine weite Wasserfläche erstreckt, stand früher eine Kirche. Große Teile von Hiddensee stehen unter Naturschutz, das ist richtig so, wie etwa die beiden Halbinseln Altbessin und Neubessin östlich von Kloster, wo viele Vogelarten jetzt ungestört leben und brüten können. Wenn man Glück hat, kann man in den Bäumen von Kloster sogar den Sprosser hören – das ist ein Vogel, der wegen seines schönen Gesangs auch „norddeutsche Nachtigall“ genannt wird.

Kloster hat seinen Namen von einem ehemaligen Zisterzienserkloster, das hier von 1296 bis 1536 bestand, bis es in der Reformation aufgelöst wurde; sein Besitz gelangte danach an die Herzöge von Pommern. Nahe beim Haus Gerhart Hauptmanns, das man sich ansehen sollte, das kleine, aber sehenswerte Inselmuseum.

Wenn wir Vitte und damit die schöne Insel verlassen, kommen wir nordöstlich der *Fährinsel* zu einem „Knotenpunkt“: Südwärts geht es zurück in den Schaproder Bodden, ostwärts zum Wieker Bodden und vor allem zum Großen Jasmunder Bodden, und nordwärts kämen wir ins freie Wasser der Ostsee, zu einem Törn „Rügen rund“ – doch davon später mehr.

Wir wenden uns nach Osten, auf alle Fälle zum Großen Jasmunder Bodden. Ob auch in den *Wieker Bodden,* darüber gehen die Meinungen sicher auseinander. Wer viel Zeit mitbringt und nichts auslassen will, kann auch da hineinfahren. Ich meine allerdings: Es lohnt nicht. Dennoch, es ginge so:

Wir laufen im Tonnenstrich ostwärts zwischen den Halbinseln Bug im Norden und Udars im Süden hindurch. Mit dem *Rassower Strom* fahren wir nordostwärts in den Wieker Bodden hinein. Bei *Blevser Haken* passieren wir einen großen Hafen, ein geheimnisumwittertes ehemaliges NVA-Objekt. Hier lag zu DDR-Zeiten die VI. Flottille mit 2400 Mann. Bei Dranske sehen wir die riesigen Wohnsilos, wo die Soldaten mit ihren Familien lebten. Erstaunlich, daß man es fertigbrachte, eine solche Scheußlichkeit in diese schöne Landschaft zu stellen.

Der Wieker Bodden hat zwei Häfen, Wiek und Kuhle, und vor Dranske einen Anleger.

Wiek

ist von weitem gut an seiner wuchtigen Dorfkirche zu erkennen. Das ziemlich große und auch recht ansehnliche Dorf liegt am Ostufer des Boddens. Der Hafen bietet viel Platz, sein größter Vorzug. Ansonsten ist er wenig ansprechend. Wir fahren in das südliche Becken und machen an der Spundwand fest, nicht aber an dem Steg, denn dort hätte man sehr wenig Wasser. Das nördliche „Becken" ist nur knietief. Quer darüber verläuft ein merkwürdiges Gebilde aus Beton, das sich bei näherer Betrachtung als Verladerampe erweist. Hier sollte einmal Kreide von Rügen verladen werden, was aber aus mir nicht bekannten Gründen nicht funktionierte, so daß diese Konstruktion seither nutzlos dasteht. An der Südseite des Hafens eine kleine Fabrik für Kunststoffverarbeitung, die auch Bootsrümpfe herstellt. Die Versorgung ist mäßig. Lebensmittel im Dorf. Sehenswert die große Backsteinkirche aus dem 14. Jahrhundert.

Der nächste Hafen,

Kuhle

liegt am nördlichsten Punkt des Wieker Boddens in großer Einsamkeit. Nur ein paar Häuser, darunter allerdings, direkt beim Hafen, auch eins mit einem Lebensmittelladen. Sonst nur Natur. Früher lagen hier im Winter viele Segelschiffe; die Bucht von Kuhle galt als sicherer und geschützter Ankerplatz. Heutzutage verirrt sich allenfalls mal eine Yacht hierher, und ab und zu legt das Fahrgastschiff an.

In der Ansteuerung muß man sich – wie immer – sauber im Tonnenstrich halten. An der Westseite des Anlegers etwa 2 m Wasser, an der Südseite, hinter dem zeitweise überspülten kleinen Steindamm, etwa 1,50 m. Vor dem Steindamm muß man sich in acht nehmen: Bei einem hohen Wasserstand ist er nicht zu erkennen.

Wo immer man im Wieker Bodden auch segelt: Immer hat man die im Westen hinter

Dranske

stehenden Wohnsilos vor Augen, die in dieser Landschaft, wo alles sein rechtes Maß hat, sehr deplaziert wirken. Das Dorf mit seinen Reetdachhäusern und den Alleen wäre so übel nicht, dennoch rate ich ab, denn der Anleger hat es in sich: ein etwa 150 m langer Holzsteg, der durch extrem seichtes Wasser führt. Nur am Kopf des Steges vielleicht 2,50 m Wasser, dahinter aber geht es schon rapide zurück. Man läge auch völlig ungeschützt, kann das Boot auch nicht richtig festmachen. Also, es gibt überhaupt keinen Grund, Dranske anzulaufen.

Im Grunde gilt dies für den Wieker Bodden insgesamt. Ich rate, ihn buchstäblich links liegen zu lassen und sich statt dessen etwas mehr Zeit für den Großen Jasmunder Bodden und seine Nebengewässer zu nehmen. Wir laufen also auf die sehr schmale Enge zwischen Wittow und Udars zu, wo ständig zwei Fähren hin und her pendeln, also Vorsicht! Der *Breetzer Bodden,* den wir anschließend erreichen, ist schmal, wirkt fast wie ein Fluß und ist landschaftlich nicht ohne Reiz. An seinem Südufer hat er bei *Vieregge* einen Anleger, der uns jetzt nicht interessiert, eventuell aber auf der Rückfahrt. Das Fahrwasser führt uns schnurgerade mit Kurs Nordost zum *Breeger Bodden,* an dessen Nordufer der Hafen von

Breege

liegt. Ein Abstecher, der sich durchaus lohnt. In der Ansteuerung muß man sich exakt in der Rinne halten, denn östlich davon, schon nahe beim Hafen, liegt mit den *Saalsteinen* eine üble Untiefe, die bei wenig Wasser sogar auftaucht. In dem recht großen Hafen befindet sich an der Ostseite ein inzwischen verlängerter Steg, wo vorzugsweise Yachten festmachen – sofern sie einen Platz finden, denn hier hat eine Charterfirma ihren Stützpunkt. Ansonsten muß man sich an der 100 m langen Kade einen Platz suchen, nur den für das Fahrgastschiff muß man freihalten.

Der Hafen selbst ist wenig attraktiv; er liegt sehr frei und bietet deshalb nicht viel Schutz. Dennoch ist es nicht falsch, ihn anzulaufen. Einmal wegen des doch recht hübschen Dorfes. Die vielen stattlichen Reetdachhäuser verraten, daß hier früher nicht nur Landwirtschaft betrieben wurde. Und in der Tat: Breege war zu Zeiten, als noch Segelschiffe die Meere befuhren, von Matrosen, Steuerleuten und Kapitänen bewohnt. Es galt als einer der wohlhabendsten Orte von Rügen. 1877 waren hier 46 (!) große Segelschiffe beheimatet. Die Fahrt ging sogar nach Nordamerika und rund Kap Hoorn nach Chile, wo Salpeter geladen wurde. Alles verweht und vorbei.

Interessant heute aber auch die nähere und fernere Umgebung. Da wäre einmal die *Schaabe,* eine schmale Landbrücke zwischen Ostsee und Jasmunder Bodden, die zur Ostsee hin einen kilometerlangen Strand hat, während zum Bodden hin ein dichter, duftender Kiefernwald wächst. Lohnenswert auch ein Ausflug in das *Lange Moor,* wo es allerdings noch viele Kreuzottern geben soll, die bekanntlich zu den Giftschlangen zählen.

Mit gut zehn Kilometern leider sehr weit weg *Kap Arkona.* Doch vielleicht entdeckt ein Dorfbewohner, daß man auch mit einem Fahrradverleih Geld verdienen kann, und dann wären zehn Kilometer gar nicht mehr sehr viel. Jedenfalls: Kap Arkona, die nördlichste Spitze von Rügen, mit seinem wichtigen Leuchtturm, bietet eine phantastische Aussicht, und nicht nur das. Nahe beim Kap eine ehemalige Slawenburg und nur einen Kilometer weiter das Dorf Vitt mit seiner achteckigen Kirche – ein malerisches Fischerdorf, das in seiner Gesamtheit unter Denkmalschutz steht. Auf dem Weg zurück nach Breege kann man sich auch die mächtigen Quader des Nobbiner Großsteingrabes ansehen.

Kap Arkona, mit dem neuen und dem alten Leuchtturm, der wegen der Bäume von See aus allerdings nicht zu erkennen ist.

Der

Große Jasmunder Bodden

ist mit seiner Länge von sieben und seiner Breite von gut drei Seemeilen nicht nur ein Gewässer von beträchtlicher Ausdehnung, sondern auch zum Segeln hervorragend geeignet. Denn er ist durchweg sehr tief, und die 2-m-Linie verläuft – fast – immer gleichmäßig dicht vor den Ufern. Also einmal wirklich etwas, um ungestört dahinzusegeln. Drei Häfen gibt es an diesem großen Bodden. Einer, der von *Lietzow,* besteht allerdings nur aus einer winkelförmigen Brücke und ist außerdem noch völlig ungeschützt. Die Brücke steht weit im Süden an dem Straßendamm, der den Großen vom Kleinen Jasmunder Bodden trennt, und damit ist auch schon das Problem angesprochen: Es ist laut und unruhig dort, denn die vielbefahrene Straße zwischen Stralsund und Saßnitz führt direkt daran vorbei. Im Vergleich dazu ist der *Martinshafen,* der am Ostufer liegt, sehr ruhig, ja einsam. Aber den schenken wir uns, da wir einen der besten Häfen auf Rügen überhaupt anlaufen wollen:

Ralswiek

Der Hafen liegt am südlichsten Zipfel des Großen Jasmunder Boddens, und zwar am Westufer. Wir halten uns einfach mehr zu dieser Seite hin und werden schon bald das Schloß von Ralswiek, das hoch über dem Wasser in einem Park liegt, aus den Bäumen lugen sehen. Die rot-weiße Ansteuerungsspiere „Ralswiek" steht exakt 1,2 Seemeilen nördlich vom Hafen. Wir laufen also Kurs Süd. Dabei passieren wir vor dem Dorf einen Anleger, der uns nichts angeht: Er gehört den Fischern. Den Yachthafen bekommt man erst später in Sicht. Seine Ansteuerung erfordert einige Aufmerksamkeit: Im Osten zieht sich eine sichelförmige Sandbank hin, die zeitweise trockenfällt, und vor dem Westufer erstreckt sich ein ausgedehntes Flach. Doch wenn wir uns sauber an die Tonnen halten, kommen wir gut hindurch. Der Hafen liegt idyllisch zwischen einem dunklen Wald und einem Schilfsee und auch sehr geschützt. Die weißen Stege, die Reetdachhäuser am Hafen, das ist alles sehr schön. Autos kommen gottlob nicht hin. Es gibt sanitäre Anlagen und ein kleines Restaurant mit überdachter Terrasse. Auch Fahrräder kann man mieten. Wasser und Strom findet man an den Stegen. Am besten verlegt man an den großen Steg, der in die Bucht hineinragt. Vorne hat er eine Wassertiefe von 2,50 m, die nach hinten auf 1,50 m abnimmt.

Vom Hafen sind es nur ein paar Schritte zum Dorf, das eigentlich nichts anderes ist als ein Anhängsel des Schlosses mit Wohnhäusern der Landarbeiter, wie meist in Mecklenburg und Pommern. Nahe beim Hafen befinden sich die Wirtschaftsgebäude mit dem Gutshaus. Den Park mit seiner interessanten gärtnerischen Anlage darf man betreten, nicht aber das Schloß, das gegen Ende des vorigen Jahrhunderts im Stil der italienischen Renaissance errichtet wurde, merkwürdigerweise für einen schottischen Grafen. Jetzt ist darin ein Altersheim eingerichtet.

Beim Gutshaus fällt eine Hinweistafel mit der ominösen Aufschrift „Traditionsstätte" ins Auge: Es handelt sich um eine Freilichtbühne direkt am Wasser, wo früher Störtebeker-Spiele aufgeführt wurden. Zum Gaudium der bis zu 7000 Menschen zählenden Zuschauermenge waren das richtige Wasserschlachten mit Fischkuttern, die zu Hansekoggen umgemodelt worden waren.

Endziel dieses Törns soll die schöne Hansestadt Stralsund sein. Von Ralswiek aus wären das 35 Seemeilen, zuviel für einen Urlaubstag. Wir werden also eine Zwischenstation einlegen, und zwar in dem idyllischen Hafen von Schaprode. Bis dahin sind es 20 Seemeilen. Wem auch das zuviel ist oder wer sich partout nicht vom Jasmunder Bodden trennen will, kann auch noch eine Nacht vor Anker liegen. Obwohl die Boddengewässer so unerhört vielgestaltig sind, fällt es schwer, einen guten Ankerplatz zu finden, denn die meisten Buchten sind einfach zu seicht.

Im Großen Jasmunder Bodden aber haben wir eine Bucht, die sich vorzüglich eignet: den *Lebbiner Bodden,* der zwischen den Halbinseln Liddow und Lebbin liegt. Wir erreichen ihn am einfachsten von der roten Spiere Nr. 82 aus, indem wir von hier mit Kurs SW einlaufen. Wenn wir fleißig loten, können wir tief in die Bucht hineinkommen, um den Anker dann dort fallen zu lassen, wo es uns am besten gefällt. Im Westen haben wir die Schilfufer von Lebbin, im Osten die bewaldete Steilküste von Liddow. Und wer ein Dingi mitführt, kann auch zu Entdekkungsfahrten aufbrechen und in den Liddower Strom oder sogar in den Tetzitzer See hineinrudern.

Sollte uns ein kräftiger Westwind entgegenwehen, dann wird es hart, aus den Breetzer Bodden auszulaufen. Der Anleger *Vieregge,* der so günstig am Wege liegt, bietet keinen ausreichenden Schutz. Ich würde dann nach Breege ablaufen, wo man bei West sehr viel ruhiger liegt.

Doch es muß nicht so sein. Wahrscheinlicher im Sommer, daß wir an einem sonnigen Nachmittag und bei ruhigem Wasser gemütlich dahinsegeln, vor uns im Gegenlicht Hiddensee: nochmals ein Salut der schönen Insel, und bis zum nächstenmal!

Die „Kreuzung" im Schaproder Bodden, bei der grünen Tonne Nr. 29, kennen wir schon von unserem Törn nach Hiddensee. Statt wie damals nach Westen, nach Neuendorf, halten wir uns jetzt nach Osten, auf

Schaprode

zu, das malerisch an dem waldigen Ufer liegt. Man muß von der grünen Tonne Nr. 29 etwas nördlicher als Ost laufen, um zur Hafenansteuerung zu kommen, die ziemlich nahe unter Land und fast parallel dazu nach SSE führt. In der Ansteuerung wird es eng. Man muß aufpassen, ob nicht ein Fahrgastschiff an- oder ablegt, besonders, wenn es das große weiße ist. Der Hafen wirkt wie ein Fluß. Es ist der Schaproder Strom, der sich schmal zwischen dem Dorf und der Insel Öhe dahinzieht. Vorne sind die Anleger der Fährschiffe, hinter dem auffallenden blauen Kran (10 Tonnen) beginnt eine etwa 100 m lange Kade, wo man längsseits geht. So weit, so gut. Problem: Es ist sehr wenig Platz, und zu groß dürfen die Päckchen auch nicht werden, denn sonst kommt der große, weiße Dampfer nicht mehr vorbei, der nämlich ein Stück in den Strom hineinfährt, dort dreht, um danach erst vorne anzulegen. Wäre dem nicht so, hätte man hier massenhaft Platz zum Ankern, denn das Wasser ist sehr tief. Es geht aber dennoch, man muß nur ganz weit nach hinten, fast bis zur Mündung der Udarser Wiek. Man ist dann allerdings weit weg vom Dorf und braucht natürlich auch ein Dingi.

Über Schaprode wickelt sich praktisch der ganze Verkehr nach Hiddensee ab. Ein ständiges Kommen und Gehen. Aber merkwürdigerweise stört das beim Yachtanleger wenig, wenn überhaupt. Die Touristen bleiben vorne, die großen Parkplätze fallen zwischen den Hecken und Bäumen auch nicht weiter auf.

Die Versorgung ist recht ordentlich: Auf den Kran wurde schon hingewiesen, daneben eine Dieselstation. Lebensmittel etc., selbst Bootszubehör im Dorf. Wasser am Hafen.

Schaprode ist trotz des Betriebes am Fährhafen immer noch ein recht hübsches Fischerdorf, mit Reetdachhäusern und einer ansehnlichen Kirche, die mitten auf dem Friedhof steht und, wenn nicht bald etwas geschieht, eines Tages in sich zusammenfallen wird. Auf unserem Liegeplatz hat man mit der Insel Öhe ein malerisches Gegenüber: Schilfufer, satte Weiden und mächtige, einzeln stehende Eichen. Schaprode kann einem schon sehr gefallen. Nur ein bißchen mehr Platz sollte es haben.

Von Schaprode nach Stralsund, wo dieser Törn enden soll, sind es 15 Seemeilen. Nicht viel. Es kann allerdings ruppig werden. Aber das wollen wir nicht hoffen. Den Weg durch den Schaproder Bodden kennen wir schon von der Herfahrt her, wir halten uns wieder sehr exakt in der Fahrrinne. Dort, wo wir auf die *Vierendehlrinne* stoßen, bei der grünen Leuchttonne Nr. 83 spätestens, haben wir Stralsund voraus, die alte Hansestadt, die ungemein eindrucksvoll am Wasser liegt. Durch den *Strelasund,* der sehr tief ist, laufen wir ohne Probleme auf die Stadt zu.

Stralsund

Wenn wir in den Hafen einsteuern, so gelangen wir direkt zum ersten der drei Liegeplätze, zwischen denen wir in Stralsund wählen können, nämlich zu den Stegen an der *Nordmole.* Es ist der beliebteste Platz, wenn auch meiner Meinung nach nicht der beste. Sein größter Vorteil: Nur ein paar Schritte, und man ist mitten in der Altstadt. Nachteilig: nur wenig Plätze, praktisch nur am Kopf der Stege, denn dahinter wird es flach und unruhig wegen der Weißen Flotte, die hier anlegt. Bei ruhigem Wetter gibt es allerdings noch eine andere Möglichkeit: Man kann auch an der Spundwand vor den Stegen längsseits gehen. Die Versorgung ist recht gut. Gegenüber, vor den braunen Speicherhäusern, kann man von einem Tankboot Diesel aufnehmen, an der gleichen Kade hat der Hafenwart sein Büro, und dort findet man auch Duschen und WCs.

Wollte ich etwas länger bleiben, würde ich aber mein Boot an die Ostseite des Hafens verlegen, an die großen Stege vor der Insel *Dänholm.* Eine ruhige, ländliche, einfache Anlage, mit einem Clubhaus unter hohen Weiden. Von der Ruhe einmal ganz abgesehen: Man hat auch einen phantastischen Blick auf die Stadt. Zu Fuß ist es freilich etwas weit, etwa eine halbe Stunde. Man kann aber auch mit dem Bus fahren.

Der dritte Bootshafen befindet sich eben südlich der Ziegelgrabenbrücke, im Gelände der Volkswerft Stralsund. Früher gehörte er wohl einem Betriebssportclub, jetzt ist es der Hafen des *Yachtclubs Strelasund,* der auf den ersten Blick etwas wirr, auch ungemütlich wirkt, auf den zweiten Blick einem aber schon besser gefallen wird. Er liegt inmitten von Werften, Schiffswände ragen haushoch neben einem auf, und vor allem: Er hat einen recht guten Service, mit Slip, Clubheim, WCs etc. Zur Stadt ist es etwa nur halb so weit wie vom Yachthafen auf Dänholm aus.

Egal, welchen Liegeplatz wir gewählt haben: Wir müssen uns ein paar Stunden Zeit – mindestens! – für das schöne Stralsund nehmen.

Was einem als erstes in der Altstadt auffällt, ist die Enge: schmale Straßen und Gassen, selbst der Marktplatz doch recht klein für eine einst so reiche Stadt, und die wuchtigen Kirchen scheinen die Häuser geradezu zu erdrücken. Die Erklärung ist einfach: Die Stadt hat wenig Platz, ringsum verhinderte Wasser eine Ausdehnung – im Osten der Strelasund, der gleichzeitig der Hafen war und ist, und überall sonst große weite Seen, so daß die Stadt fast wie eine Wasserburg wirkt. Dies freilich hat sie auch immer geschützt; selbst dem großen Wallenstein gelang es im Dreißigjährigen Krieg nicht, die Festung Stralsund zu nehmen.

Die so überaus günstig gelegene Stadt wurde wahrscheinlich schon vor 1200 gegründet. 1234 jedenfalls erhielt sie die Stadtrechte, und seit 1293 gehörte sie der Hanse an. Nach dem Dreißigjährigen Krieg fiel sie zusammen mit Pommern an Schweden. 1720 hatte sogar die schwedische Regierung von Pommern hier ihren Sitz. Erst 1815, nach dem Wiener Kongreß, kam Stralsund zusammen mit Pommern zu Preußen.

Ihre größte Zeit hatte die Stadt zweifellos im Mittelalter, als auch die hervorragenden Bauten der Backsteingotik entstanden: das Rathaus am Alten Markt mit seiner filigranen Front, dann die drei großen Kirchen, St. Nikolai mit ihrer prächtigen Ausstattung, gleich hinter dem Rathaus gelegen, die Marienkirche und die Jakobikirche. Diese drei zeichnen mit ihren mächtigen Schiffen und den wuchtigen Türmen die Silhouette der Stadt. Sehenswert auch die stille Anlage des Heiliggeistklosters an der Wasserstraße und das Katharinenkloster, wo die Museen der Stadt untergebracht sind, darunter das Museum für Meereskunde mit seinen Aquarien, das man sich unbedingt ansehen sollte. Obwohl Stralsund im Zweiten Weltkrieg sehr stark von Fliegerangriffen getroffen wurde, ist von diesen Schäden nur noch wenig zu sehen. Es ist schon früher viel für die Restaurierung getan worden, und jetzt wird erst recht an den Schäden gearbeitet. Überall sieht man eingerüstete alte Häuser, die bald wieder in alter Pracht entstehen werden.

In welcher Richtung man den Strelasund auch befährt, die *Ziegelgrabenbrücke,* die zum Rügendamm gehört, ist ein ziemliches Schiffahrtshindernis. Über Damm und Brücke rollt der gesamte Verkehr nach Rügen, vor allem zu den Fährhäfen Saßnitz und Mukran, auch die Eisenbahn. Die Brücke wird deshalb nur relativ selten geöffnet, etwa sechsmal innerhalb von 24 Stunden und dann auch nur für längstens 20 Minuten. Die Öffnungszeiten ändern sich immer wieder. Die gerade gültigen sind an allen Häfen ausgehängt, danach muß man sich dann eben richten.

Rügen rund

Als wir die Insel Hiddensee verließen, stand ein Törn nordwärts zum Kap Arkona und weiter nach Saßnitz schon zur Diskussion. Er soll jetzt beschrieben werden. Von den geschützten Boddengewässern bis Saßnitz, dem ersten und auch einzigen Hafen, sind es lange 26 Seemeilen. Nirgendwo findet man an der zumeist steilen Küste Schutz. Man muß sich also, bevor man zu diesem Törn aufbricht, über die Wetteraussichten genau informieren.

Die Navigation ist im Grunde – gute Sicht vorausgesetzt – einfach: Man fährt immer an der Küste entlang, wobei man seinen Standort mit Hilfe zahlreicher, unverkennbarer Landmarken immer gut festlegen kann. Nördlich des *Vitter Boddens* steigt die zunächst flache Küste langsam an, bis sie bei *Kap Arkona* eine Höhe von 45 Meter erreicht. Auf dieser nördlichsten Huk Rügens steht der wichtige Leuchtturm Kap Arkona. Er ist 35 Meter hoch und ragt unverkennbar aus den Bäumen hervor, die allerdings den schönen alten Leuchtturm, den der berühmte Berliner Baumeister Schinkel entworfen hat, verdecken.

Die *Tromper Wiek* schwingt weit nach Westen aus. Die niedrige, von Kiefern bestandene Landbrücke *Schaabe* kennen wir schon von unserem Törn in den Jasmunder Bodden. Auffallend die am Nordende der Schaabe stehenden Funkmasten. Ob man die Tromper Wiek aussegelt oder von Kap Arkona aus mit Kurs Südost direkt auf die Steilküste von *Stubbenkammer* zuhält, hängt wohl vom Wetter ab. Schiffahrtshindernisse gibt es jedenfalls nicht. Das Gewässer ist sehr tief, und man kann überall ziemlich dicht unter Land laufen.

Das sollte man unter allen Umständen bei den *Kreidefelsen von Stubbenkammer,* der Sehenswürdigkeit von Rügen schlechthin. Wenn man gar nichts von der Insel sonst weiß, davon hat jeder schon gehört. Caspar David Friedrich hat sie gemalt, auf eine romantische Art. Sie sind aber eher überwältigend als romantisch, bis zu 130 Meter hoch steigen sie fast senkrecht in die Höhe.

Eben südlich der Felsen bereiten wir uns auf das Anlaufen von

Saßnitz

vor. Der sehr große Fähr- und Fischerhafen liegt eindrucksvoll unter der Steilküste. Die Einfahrt öffnet sich nach Südosten. Wir laufen also an der langen Ostmole entlang und drehen dann in den Hafen ein. Damit kommen wir auch direkt zu den Yachtliegeplätzen, die sich innerhalb des U-förmigen Stegs vor dem Fischerhafen befinden. Hier macht man zwischen Pfahl und Steg fest. Man darf aber auch an der gesamten Ostmole längsseits gehen. Das Hafenkontor, hier „Hafenlenkung" genannt, befindet sich im ersten Stock des großen weißen Gebäudes am Fischerhafen. Man kann den Hafenmeister auch über Kanal 69 anrufen, der allerdings nicht weiter als bis zur Reede reicht. Die Versorgung ist recht gut, muß sie bei einem so großen Hafen auch sein. Diesel, Wasser, Reparaturen, auch Elektronik, und natürlich Duschen und WCs. Unten am Hafen „Marthas Fischgeschäft" und daneben ein einfaches Restaurant. Zur Stadt hoch führen steile Treppen. Recht gut kann man im Rügen-Hotel essen, das wie ein Turm über dem Hafen steht. Ansonsten, vom Hafen einmal abgesehen, ist die Stadt nicht sonderlich interessant.

Auf ein kleines Problem muß noch hingewiesen werden: Bei starken Winden aus Süd, besonders Südost, kann man im Bootshafen nicht bleiben, denn dann steht hier eine Welle, die einem schier das Schiff zu zerschlagen droht. Dann heißt es: ab in den Fischerhafen, und zwar so weit nach hinten wie nur möglich.

Die breite und tiefe *Prorer Wiek* würde ich mit Kurs Südost einfach queren, sie bietet wenig Interessantes. Dies gilt besonders für den neuen, monströsen Fährhafen von *Mukran,* der zwei Seemeilen südwestlich von Saßnitz liegt. Am besten, man hält auf die zehn Seemeilen entfernte Steilküste von *Nordperd* zu, einer auffallenden Huk, der man allerdings nicht zu nahe kommen sollte, denn dicht davor ist der Grund sehr steinig. Im Westen haben wir querab die Halbinsel *Mönchgut* mit den hohen, auffallenden Grasbergen von *Groß Zicker.* Vor der Südspitze von Mönchgut, dem *Südperd,* erstreckt sich mit dem *Thiessower Haken* ein großes Flach, über das Einheimische hinwegsegeln, wir aber nicht.

Wir nehmen die gut betonnte, tiefe Fahrrinne, die in den *Greifswalder Bodden* hineinführt, das *Landtief.* Die Ansteuerungstonne liegt ziemlich genau drei Seemeilen südlich von Nordperd. Darauf halten wir zu. Haben wir sie erreicht, steuern wir mit Kurs SW das Landtief an. Hier müssen wir auf Strömungen achten, selbst bei Windstille. Bei viel Wind können sie Geschwindigkeiten bis zu 5 Knoten erreichen. Bei Winden aus Ost über Süd bis West läuft der Strom nach Nordost, bei Winden aus Nord bis Nordnordwest nach Südwest und Süd, also in den Greifswalder Bodden hinein und auch quer zur Fahrrinne. Daß selbst bei Windstille hier Ströme setzen, hängt mit den Wasserstandsschwankungen in der Ostsee zusammen.

Man hat an der West- und Südseite von *Mönchgut* mehrere Häfen zur Auswahl, sie alle sind im nächsten Kapitel beschrieben. Der nächstgelegene ist der kleine Fischerhafen von *Thiessow* am Zickersee. Bei guter Verfassung von Crew und Boot würde ich ihn anlaufen; er ist allerdings sehr klein und oft überfüllt. Immer unter kommt man in dem großen Hafen *Gager.*

Nautische Unterlagen: *Sportbootkartensatz Nr. 3006 „Karten der Ostsee von Stralsund bis Oderhaff", „Verzeichnis der Leuchtfeuer und Signalstellen, Teil II: Ostsee, SW-licher Teil, und Gewässer zwischen Ost- und Nordsee", Nr. 2101.*

Kleine Chronik der Insel Rügen

Bronzezeit	Indogermanische Bevölkerung
Eisenzeit	Germanen auf Rügen (Rugier)
ab 600 n. Chr.	Slawische „Ranen" wandern ein, von den Deutschen Wenden genannt. Fluchtburgen entstehen.
Um 1000	Bischof Thietmar von Merseburg berichtet über Rügen.
1168	Eroberung von Arkona durch die Dänen. Der Fürst von Rügen, Jaromar I., wird dänischer Lehensträger.
1193	Gründung des Klosters Bergen.
1209	Gründung von Stralsund durch Jaromar I.
1536	Reformation
1628	Kaiserliche Truppen plündern die Insel, die anschließend von den Schweden besetzt wird.
1648	Ende des Dreißigjährigen Krieges. Rügen wird zusammen mit Vorpommern dem schwedischen König zugeschlagen, der somit als Herzog von Pommern gleichzeitig deutscher Fürst wird.
1715	Landung der Preußen und Dänen im Nordischen Krieg. Dänen besetzen die Insel.
1720	Rügen wird erneut schwedisch.
1807–10	Franzosen besetzen unter Napoleon Rügen.
1815	Auf dem Wiener Kongreß wird Rügen zusammen mit Vorpommern Preußen zugeschlagen.
1872	Eine verheerende Sturmflut kommt über die Insel.
1933–36	Bau des Rügendammes.
1945	Sprengung des Rügendamms. Sowjets besetzen Rügen.

4 ETWAS FÜR JEDEN

DER GREIFSWALDER BODDEN

Baabe. Hafen im Schilfwald, weit im Süden von Rügen, auf der Halbinsel Mönchgut. Yachten können nur an der Betonpier liegen. Der kleine Hafen rechts vorne bietet keinen Platz.

1 *Puddemin. Stiller, einsamer Hafen beim Strelasund.*

2 *Die Insel Vilm. Vor der Wende erholten sich hier streng abgeschirmt Honecker und Co. Jetzt steht die Insel wieder unter Naturschutz.*

3 *Lauterbach, großer, guter Hafen gegenüber von Vilm.*

4 *Stahlbrode am Strelasund. Ein Hafen am Wege, den man anläuft, wenn es draußen im Greifswalder Bodden zu sehr kachelt.*

1 *Baabe auf Mönchgut.*

2 *Das hochgelegene Jagdschloß Granitz im Südosten von Rügen ist von überall her zu sehen.*

3 *Seedorf im Süden von Rügen. Ein idyllischer, weltabgeschiedener Ort. Zur Zeit der großen Segler gab es hier mehrere Schiffswerften.*

1

1 Zickersches Höft. Steilküste im Süden von Rügen.

2 Gager, ein großer Hafen nördlich von Groß Zicker. Besser, als es auf den ersten Blick scheint. Bei den Kreisen im Wasser handelt es sich um Fischzucht-Geräte.

3 Der Dalbenliegeplatz von Klein Zicker. Sehr beliebt unter Seglern. In der Bucht hinter der Landzunge kann man gut ankern.

1

2

3

1 *Blick über Klein Zicker auf den Zickersee.*

2 *Am Ufer von Groß Zicker.*

3 *Thiessow. Fischerhafen am Zickersee. Wenig Platz, kein Komfort, aber nahe zum allerbesten Ostseestrand.*

1 *Freest an der Mündung des Peenestroms in den Greifswalder Bodden. Gut ausgestatteter Fischerhafen mit ruhigem Yachthafen im hohen Schilf.*

2 *Wieck, der Außenhafen von Greifswald. Das schmale, aber tiefe Flüßchen Ryck kann man bis zur Stadt hin befahren.*

3 *Wieck. Vorne die unter Denkmalschutz stehende Ziehbrücke. Gute, ruhige Liegeplätze an beiden Seiten des Hafenkanals.*

1 *Greifswald. Der Dom St. Nikolai, der mit großem Aufwand restauriert wurde.*

2 *Der Stadthafen von Greifswald am Flüßchen Ryck. Man kommt mit dem Boot hin, liegt aber schlecht.*

3 *Greifswald. Der Markt mit dem Rathaus. Die schöne, alte Stadt zeigt starke Spuren des Verfalls.*

Im Norden, an der Südküste von Rügen, haben wir viele stille Buchten und mehrere kleine Häfen und auch ein weißes Residenzstädtchen mitten im Wald. Die Fahrt über den großen Greifswalder Bodden ist schon ein Stückchen Seefahrt. Greifswald, Hansestadt wie Stralsund, lassen wir nicht aus. Und zum Schluß geht es zum Peenestrom. Ein runder Törn, der jedem etwas bringt.

Hat man in Stralsund die *Ziegelgrabenbrücke* erst einmal hinter sich, kann man im *Strelasund* ziemlich frei und unbeschwert dahinsegeln, südwärts auf den Greifswalder Bodden zu. Der Sund ist gleichmäßig tief und auch sehr breit; wie ein großer Fluß windet er sich zwischen dem Festland und der Insel Rügen dahin.

Wir passieren zwei, allerdings völlig unterschiedliche, Häfen. Den ersten,

Puddemin

sollte nur der anlaufen, der viel Zeit hat und seine Ruhe haben will. Denn es ist sehr einsam dort. Man verläßt den Strelasund am besten bei der roten Spiere Nr. 50 und hält auf die Mündung der *Glewitzer Wiek* zu. Die schmale Bucht erstreckt sich zwei Seemeilen tief ins Land hinein. Wir müssen uns – fast überflüssig, es zu sagen – sauber in der betonnten Rinne halten. Der Anleger befindet sich am Scheitel der Bucht. Wir legen uns längsseits an die Kade, wo wir mit gut 2 m Wassertiefe rechnen können. An dem Steg steht zu wenig Wasser, er ist auch abgeschlossen. Wie schon gesagt, ein sehr ruhiger, weltabgelegener Ort, allerdings nicht immer: Nahe beim Hafen steht eine monströse Mischfutterfabrik, die jedoch nur während der Getreideernte in Betrieb ist. Versorgung am Hafen gleich Null. Aber im nahen Dorf, im Haus Nr. 5, gibt es WC und Dusche. Man kann dort auch Brötchen kaufen sowie Biogemüse und Kräuter, und der freundliche Besitzer vermietet auch Fahrräder.

Die Umgebung von Puddemin ist typisch rügisch: Felder, Hügel, kleine Wälder dazwischen und entlegene Dörfer. Eines, das nur zwei Kilometer östlich von Puddemin gelegene Groß Schoritz, hat eine gewisse Berühmtheit erlangt, denn hier wurde 1769 der Dichter der Freiheitskämpfe, Ernst Moritz Arndt, geboren. Das Geburtshaus, mit einem Gedenkzimmer, kann besichtigt werden. Fern von hier, als wohlbestallter Professor in Bonn, hat er gedichtet: „Mein trautes Ländchen Rügen, wie mahnst du mich so sehr ...“

Puddemin – ein sehr stiller, sehr entlegener Ort in einer ebenso stillen und entlegenen Wasserlandschaft.

Da ist der quasi gegenüber, am Südufer gelegene Hafen von

Stahlbrode

ganz anders. Ein ziemlich großer Fischerhafen, der voller Boote ist, zumindest immer dann, wenn schlechtes Wetter es geraten erscheinen läßt, nicht in den Greifswalder Bodden auszulaufen. Ein Hafen am Wege. Man erreicht ihn von der Fahrrinne im Strelasund aus ganz einfach, alles betonnt. Im allgemeinen legen Yachten sich in das neue Südbecken. Wem es hier bei Südost zu unruhig wird, verzieht sich in das Fischerbecken, sofern dort etwas frei ist. Also, bei östlichen Winden wird es unruhig in diesem Hafen, was aber immer noch besser ist, als sich durch die steile, kurze Welle des Greifswalder Boddens zu quälen. Die Versorgung ist mittelprächtig: Wasser und Strom an der Mittelmole, Fisch kann man am Hafen kaufen. Hier auch ein Restaurant und nur ein paar Schritte ins Dorf hinein ein Lebensmittelladen.

Der

Greifswalder Bodden

ist das wohl wichtigste Segelrevier an der Küste von Mecklenburg-Vorpommern. Er bedeckt eine Fläche von gut 500 Quadratkilometern oder anders ausgedrückt: Dieses nahezu kreisförmige Gewässer hat einen Durchmesser von gut 12 Seemeilen. Zur Ostsee hin liegt zwischen Rügen und dem Festland eine riesige Sandbank, die mehr Hindernis ist, als daß sie Schutz böte. Auf der weiten Fläche des Boddens herrschen seeähnliche Verhältnisse. Rasch baut sich eine kurze, steile Welle auf. Von solchen widrigen, im Sommer wohl eher seltenen Verhältnissen einmal abgesehen, kann man im großen und ganzen frei dahinsegeln.

Wirklich kritisch sind nur zwei Flachs, die beide etwas östlich von der Mitte des Boddens liegen: Großstubber und Kleinstubber. *Großstubber* war früher eine Insel, die durch Kiesabbau praktisch verschwunden ist, von der bei einem niedrigen Wasserstand aber immer noch Reste auftauchen. Der nördliche Teil von Großstubber hat ausreichende Wassertiefen, so daß man sich nicht darum zu kümmern braucht. Der südliche ist der unangenehme, er ist aber markiert: An seiner Westkante liegt eine gelb-schwarz-gelbe Tonne aus, die man also niemals im Osten passieren darf. Das ist alles.

Der gut zwei Seemeilen östlich von dieser Tonne gelegene *Kleinstubber* ist insofern kritischer, als er nicht betonnt ist. Hier ist also große Vorsicht angebracht.

Wenn wir den Strelasund verlassen, so halten wir uns auf diesem Törn nordwärts, auf die Küste von Rügen zu. Zu unserem nächsten Hafen, Lauterbach, führt ein Fahrwasser, dessen Tonnen allerdings sehr weit, manchmal bis zu zwei Seemeilen, auseinanderliegen. Sie sind dennoch hilfreich, etwa beim Kreuzen, weil man mit ihnen eine Orientierungshilfe hat. Der Generalkurs beträgt 10°, von dem Tonnenpaar Grün 1/Rot 2 am Ende des Strelasunds aus gesehen.

Aufpassen muß man erst wieder, wenn man sich der Waldinsel *Vilm* nähert, nämlich bei der grünen Leuchttonne Nr. 1, die 1,5 Seemeilen westlich der Südhuk von Vilm ausliegt. Um Vilm breitet sich ein großes Steinriff aus, das sehr gefährlich sein kann. Also Vorsicht hier!

Lauterbach

hat als Hafen keinen besonders guten Ruf unter Seglern, was ich nicht recht verstehen kann. Ich halte ihn für einen der besten auf Rügen, vor allem deshalb, weil er sehr groß ist, also viel Platz bietet, so daß man hier immer unterkommen wird. Die Ansteuerung ist nicht schwer, sofern man sauber nach

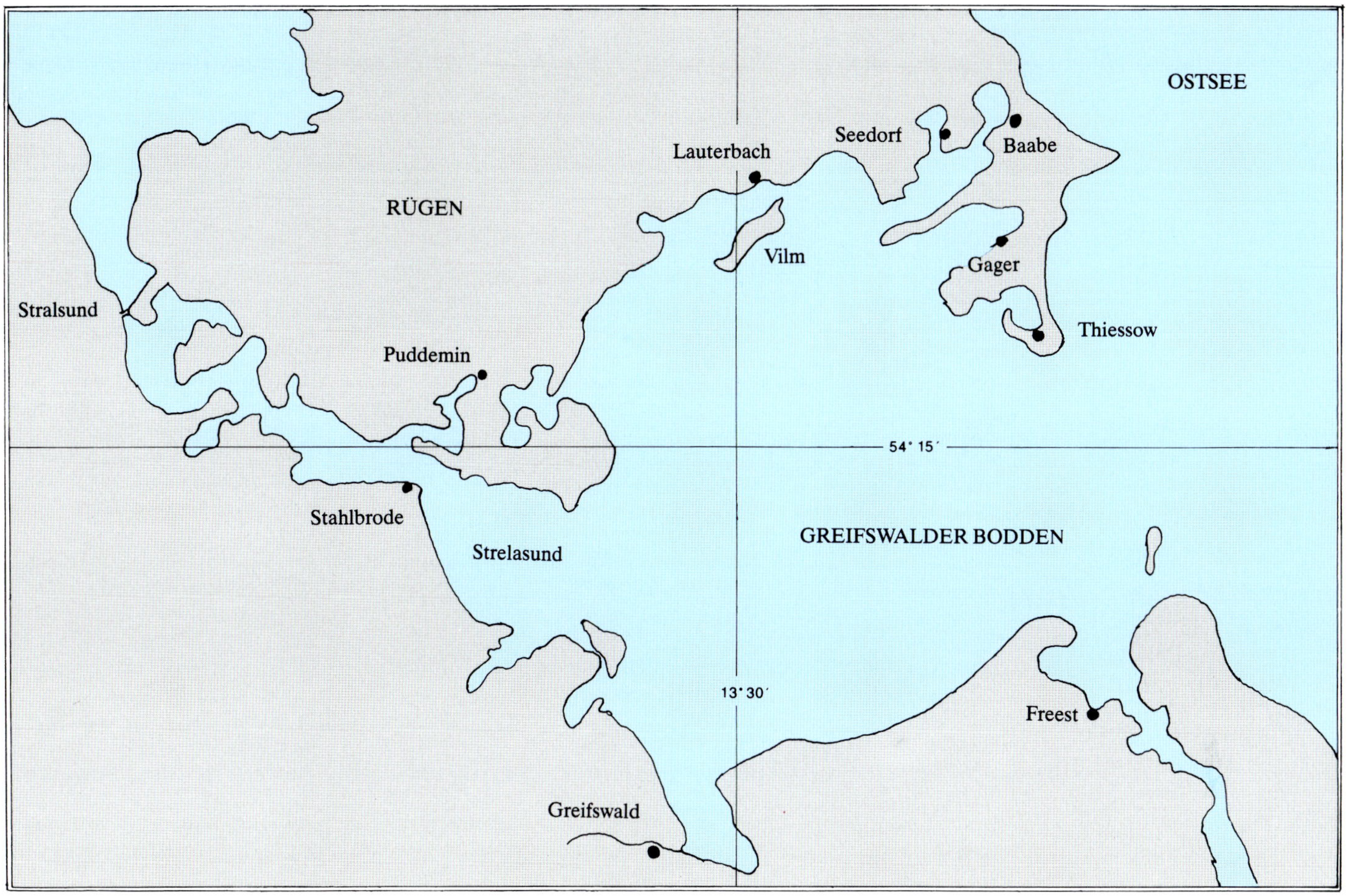

Tonnen fährt. Das gilt besonders bei der grünen Nr. 9, über die man keinesfalls nach Osten hinauskommen sollte, denn bis zu ihr hin zieht sich das Steinriff von Vilm. Das Steininselchen vor der Hafeneinfahrt, das eine Leuchtbake (Ubr. w/r/gn.-4s) trägt, passieren wir im Osten.

Der beste Liegeplatz ist wohl der L-förmige Steg des Yachtclubs Putbus an der Ostseite des Hafens. Grüne Rhomben zeigen die freien Boxen an. Ein netter kleiner Hafen, dem man ansieht, daß er mit viel Liebe und wohl auch Improvisationstalent geschaffen wurde. Das kleine Clubhaus mit seiner Terrasse heißt „Klönhus", in einem anderen Häuschen gibt es WCs und außen, im Freien, eine Dusche. Wasser holt man sich im Garten, am Steg gibt es elektrischen Strom.

Findet man hier keinen Platz, würde ich mir nach Absprache mit dem Hafenmeister einen Platz suchen, vorzugsweise längsseits an der langen Ostmole. Das Hafenkontor steht ganz außen an der Westkade.

Die Versorgung ist für hiesige Verhältnisse sehr gut: Im Fischerhafen kann man Diesel bunkern, direkt daneben die Hallen einer Bootswerft, die über einen großen Slip verfügt und auch Zubehör verkauft. Die Werft baut den auch in Westdeutschland bekannten Motorsegler „Vilm". Am Fischerhafen ein Fischgeschäft, direkt am Hafen ein großes Restaurant, auch kleinere Geschäfte.

Der Hafen mit seinen Eichenalleen und dem Blick hinüber zur Waldinsel Vilm, vor allem aber seine nähere Umgebung müssen einem einfach gut gefallen.

Das einzige, was einem den Aufenthalt verleiden kann: Bei Winden aus Süd bis West liegt man sehr unruhig, denn dann steht ein beträchtlicher Schwell herein.

Wenn man die Straße nach *Putbus* hochwandert oder noch besser den Weg durch den großen Park nimmt, dann wird man Erstaunliches erleben: Plötzlich und unerwartet ist man mitten in einem kleinen Residenzstädtchen aus dem vorigen Jahrhundert. Putbus war früher Sitz der gleichnamigen Fürsten, eines Geschlechts, das reichen Grundbesitz hatte, hier auf Rügen, aber auch drüben in Mecklenburg. Anfang des 19. Jahrhunderts hat der Fürst Malte von Putbus zielstrebig dieses Städtchen bauen lassen, alles in klassizistischem Stil und alles in blendendem Weiß. Residenz war das eine, der Fürst machte den Ort 1816 aber auch zum Seebad. Alles war nur vom Feinsten. Ein kleines Theater mit einer Säulenfront, eine große Ringstraße, Circus genannt, mit schloßartigen Häusern ringsum, dann der zum Wasser hin abfallende Park, den Wilhelm von Humboldt entworfen hat – an nichts wurde gespart. Das Bad erfreute sich denn auch großer Beliebtheit beim europäischen Hochadel.

Höfisches Leben auf Rügen. Das Theater von Putbus kurz nach seiner Erbauung (nach einem zeitgenössischen Stich).

Die preußischen Könige kamen regelmäßig zur Kur. Auch Bismarck war hier, Wilhelm von Humboldt und der zu seiner Zeit sehr populäre General von Wrangel. Das langgestreckte weiße Badehaus mit seiner Säulenfront kann man vom Hafen aus sehen, es liegt im Osten, in dem großen Waldgebiet Goor. Wie überhaupt fast alle diese wunderschönen klassizistischen Bauten noch stehen, ebenso wie viele sehr gut restauriert sind. Nur das große Schloß der Fürsten von Putbus ist verschwunden. Nachdem es im Zweiten Weltkrieg ein paar Fliegerbomben abbekommen hatte, „diente" es dem Militär als Zielscheibe bei Schießübungen, bis es 1960 die SED-Banausen dann gänzlich dem Erdboden gleichmachen ließen – einen Schinkelbau!

Mit dieser unseligen Zeit ist auch die

Insel Vilm

verbunden. Mit ihrem uralten Eichen- und Buchenbestand, den seltenen Pflanzen und den 65 Vogelarten, die hier nisten, darunter der Kormoran und der Seeadler, war die Insel schon 1936 unter Naturschutz gestellt worden, worum sich aber die Herrschaften der DDR-Obrigkeit nicht weiter kümmerten. In den sechziger Jahren wurde die Insel gesperrt, und bald entstanden darauf elf komfortable Reetdachhäuser für die SED-Prominenz. Stasi-Leute schirmten alles ab, und mehr als 50 Bedienstete waren auf der Insel stationiert, um den Führern des Arbeiter- und Bauernstaates das Leben so angenehm wie nur möglich zu machen. Inzwischen ist die Insel wieder offen, steht allerdings auch wieder unter Naturschutz. Von Lauterbach fährt ein kleiner Dampfer mit Touristen hinüber. Ob Boote den Anleger an der Nordwestseite je wieder anlaufen dürfen, steht in den Sternen – eher wohl nicht.

Auf eine kleine Attraktion muß noch hingewiesen werden: Von Putbus fährt eine Kleinbahn zu dem Ostseebad Göhren. Das sind knapp 25 Kilometer, und dazu braucht der „Rasende Roland" eine gute Stunde. Sein Weg führt auch hoch zu dem Jagdschloß Granitz, das wir sonst immer nur aus der Ferne sehen.

Wir lassen Vilm querab und wenden uns einer der schönsten Ecken von Rügen zu, der Halbinsel *Mönchgut:* Wie nirgendwo sonst verzahnen Meer und Land sich so eng. Unser erstes Ziel soll die *Having* sein, eine tief ins Land einschneidende Bucht von außerordentlicher Schönheit. Da sie alles in allem auch ohne tückische Flachs ist, kann man unbeschwert hineinsegeln. Eine ganz schmale Landzunge mit steilen Ufern riegelt sie nach Süden ab und gibt Schutz vor dem Greifswalder Bodden. Nach Norden steigt das Land immer mehr an, bis es hoch oben mit dem gelben Jagdschloß Granitz seine Krönung findet.

Im Westen der Bucht ein halbkugelförmiger Berg, an dem wir vorbeilaufen und auf den Hafen von

Seedorf

zuhalten, der eher einem Fluß gleicht oder einem Sund und die Having mit dem Neuensiener See verbindet. Beiderseits dichtes Schilf. An der Ostseite das Dorf, schmucke Reetdachhäuser, die an den Hang gebaut sind. An der Westseite gibt es Stege für Boote, dort könnte man festmachen. Über eine Holzbrücke kommt man ins Dorf. Besser finde ich den winkelförmigen Steg an der Ostseite, der für Gäste da ist. Hier kommen auch sehr große Yachten unter: Außen hat man gut 4 m Wasser, innen immer noch 2,50 m, dann aber kommt schon das mannshohe Schilf.

Früher wurden in Seedorf auf mehreren Werften richtig große Segler gebaut. Das ist alles längst vorbei, aber an einem Haus findet man noch einen überdimensioniert großen Slip, der an diese Zeit erinnert. Beim Hafenmeister, der kurz vorm Holzlagerplatz wohnt (Haus Nr. 13), sollte man sich baldmöglichst melden. Dort gibt es auch Duschen und WCs. Im übrigen ist die Versorgung mäßig; Lebensmittel, Wasser, das wär's dann, und nicht zu vergessen: Fahrräder kann man auch mieten.

Um die Huk führt, immer am hohen, dichten Schilf vorbei, ein schmaler Wanderpfad, linker Hand das Steilufer mit knorrigen Eichen, bis man nach etwa fünf Minuten eine winzige Badebucht mit feinsandigem Strand erreicht.

In der nordöstlichen Ecke der Having liegt der andere Hafen,

Baabe

aber anders als Seedorf in flachem, fast sumpfigem Land. Nur an der Westseite ragt wie ein Kegel ein Berg steil in die Höhe. Zum Hafen führt durch flaches Wasser ein Tonnenstrich. Der Hafen ist nicht mehr als eine große Betonpier. Man bleibt am besten ganz vorne, denn weiter hinten legt der Ausflugsdampfer an. Der kleine Hafen im Schilf, eben rechter Hand vorm Hafen, ist nicht für Gastyachten, er hat auch wenig Wasser. Also längsseits an die Pier von Baabe. Ich kann mir kein rechtes Urteil über diesen Hafen bilden. Die große Betonpier, das heruntergekommene Ausflugsrestaurant mit der abblätternden weißen Farbe, das ist alles nicht das wahre. Andererseits ist der schmale Wasserlauf, die *Baaber Beek,* die zum großen Selliner See führt, sehr malerisch mit den kleinen Reetdachhäusern, dem Schilf und den Sumpfwiesen. Hübsch auch das am anderen Ufer gelegene Dorf Moritzberg.

Zum Ort Baabe, einem Ostseebad, ist es mit drei Kilometern sehr weit. Nur zwei Kilometer weg befindet sich eine Haltestation der schon erwähnten uralten Schmalspurbahn Putbus–Göhren, die sogar unter Denkmalschutz steht, dessen ungeachtet aber immer noch durchs schöne Land von Mönchgut schnauft. Wer Zeit hat: ein Erlebnis!

Das Land südlich von Baabe, bis hin nach Gager, ist so flach, daß es mit Deichen vor Sturmfluten geschützt werden muß. Erst auf der Halbinsel *Groß Zikker* wird es wieder hoch, da steigen rasch gewaltige, kuppenförmige Grasberge an.

Ob man zum Hafen

Gager

soll, darüber läßt sich trefflich streiten. Auf den ersten Blick macht er nicht viel her, ein sehr großes Becken, etwas trostlos, auf den zweiten aber kann er einem schon besser gefallen. Die Ansteuerung der *Hagenschen Wiek,* an deren Südufer der Hafen liegt, ist einfach. Von der Having aus umrundet man die steile Huk *Reddevitzer Höft,* wobei man dicht unter Land bleiben kann, denn man hat immer ausreichend Wasser unterm Kiel. Danach hält man einfach auf den Tonnenstrich zu, der nahe am Ufer von Groß Zicker entlangführt und auch direkt auf den Hafen zu. Dem Kopf der großen Westmole darf man nicht zu nahe kommen, denn davor, und zwar *in* der Hafeneinfahrt, erstreckt sich ein Flach. Man halte sich mehr an die rote Spiere. Die Steine dahinter sehen schlimmer aus, als sie sind, denn wir kommen ihnen auf diesem Kurs gar nicht nahe.

Ein Hafenbecken fast so groß wie ein See. An den großen Anleger an der Westseite darf man nicht, auch nicht in den Fischerhafen. Der Steg in der Südostecke aber ist für Boote reserviert, man liegt dort gar nicht schlecht. Jetzt sieht auch alles sehr viel besser aus. Eben hinter unserem Steg ein großer Campingplatz, den man zwar nicht sieht, wohl aber hört. Immerhin, dort gibt es die üblichen sanitären Einrichtungen und sogar einen Konsum-Laden. Beim Fischerhafen die Bootswerft Gager mit Slip.

Wozu man sich Zeit nehmen sollte, ist eine Ersteigung der Grasberge von Groß Zicker, weil man von dort oben einen phantastischen Blick über die Wasserlandschaft von Mönchgut und natürlich auch auf den Greifswalder Bodden hat. Unter uns liegt im Süden der Zickersee mit dem Fischerhafen Thiessow.

Um dorthin zu gelangen, muß man nicht unbedingt zu der rot-weißen Ansteuerungstonne „Zicker". Wir können schon bei dem Spierenpaar Grün 1/Rot 2 nach Süden abdrehen und entlang von Groß Zicker Kurs auf die rot-weiße Ansteuerungstonne „Kaming" nehmen, um von dort dann weiter im Tonnenstrich zu laufen.

Thiessow

das vorab, hat sehr wenig Platz. Ein reiner Fischerhafen, aber die Fischer nehmen uns Bootsleute gutmütig hin, wenn wir sie nur nicht bei der Arbeit stören. Boote legen sich an einen der beiden äußeren Stege, keinesfalls aber an den breiten mittleren, der ist nur für die Fischer da. Wasser am Steg, sonst gibt es keine Versorgung. Wer nicht im Hafen unterkommt, kann im Zickersee sehr gut ankern, und zwar eben östlich des hohen, steilen Berges Klein Zicker. Man fährt dort, wo der Tonnenstrich einen Knick macht, mit Kurs SW auf den Berg zu, lotet eifrig und läßt, sobald man seinen Platz gefunden hat, den Anker fallen. Eben außen davor, hinter der schmalen Landzunge, stehen Dalben im Wasser, wo man ebenfalls gut liegen kann.

Von Thiessow aus ist es nicht weit zum Ostseestrand, der hier von besonderer Qualität ist. Nach Westen schützt ihn ein Kiefernwald. In einem weiten, sanften Bogen schwingt er sich mit seinem feinen, weißen Sand weit nach Norden.

Wir wollen nach einigen ruhigen Tagen in den Häfen von Rügen diese geschützten Gewässer verlassen und quer über den großen Bodden zu der Stadt segeln, von der er seinen Namen hat, nach Greifswald.

Ich würde zunächst die rotweiße Leuchttonne „Zicker" (Blk.-10s) anliegen und danach Kurs 210° laufen. Von hier bis Greifswald rund 12 Seemeilen. Dieser Kurs hält einen gut frei von der Untiefe *Großstubber* und führt uns auch an drei Tonnen vorbei, wo wir immer unseren Standort überprüfen können: zuerst an der gelb-schwarz-gelben Spiere „Großstubber-W", danach an der bakenförmigen, rot-weißen Leuchttonne „Ariadne" (Blk.-10s) und schließlich auf die ebenfalls rot-weiße Leuchttonne KW 2 (Blt.-4s) zu. Allerspätestens hier haben wir voraus die Silhouette von Greifswald mit ihren drei hohen, die Stadt überragenden Kirchen.

Von der Tonne KW 2 sind es noch vier Seemeilen bis Wieck, den Außenhafen von Greifswald. Wir laufen weiter mit Kurs 208°, der auf die Ansteuerung zuführt, verlassen dann aber bei der roten Leuchttonne Nr. 4 (Fkl.r.) diesen Kurs, denn er leitet zu einem Militärhafen. Wir gehen auf Süd und kommen damit direkt zum Hafen von

Wieck

der nichts weiter ist als die eingemauerte Mündung der Ryck,

Die unter Denkmalschutz stehende Zugbrücke von Wieck. Für den, der nach Stralsund will, wird sie geöffnet.

eines Flüßchens, das an Greifswald vorbeiführt, recht tief ist und in alten Zeiten dessen Stadthafen war. Nach Greifswald kann man immer noch mit dem Boot fahren, aber das ist umständlich, auch nicht sonderlich attraktiv. Mit dem Bus kommt man genausogut hin. Deshalb und weil noch vieles andere dafür spricht, bleiben wir in Wieck.

Bis hin zu der alten, malerischen Zugbrücke kann man an beiden Seiten überall festmachen, zumindest zeitweise. Ich würde versuchen, gleich eine freie Box zu finden (grünes Schild), am besten an der Südostseite vor dem Vereinsheim des ASV Greifswald, denn dort gibt es sanitäre Einrichtungen. Einmal abgesehen davon: Die Versorgung in Wieck ist mehr als ordentlich. An der Nordwestseite vor dem Hafenamt eine Bunkerstation für Diesel, an der Südostseite ein Yachtservice, ein Segelmacher und dazu auch noch ein Slip; Motoren können repariert werden. Nur mit Lebensmitteln hapert es etwas, die besorgt man sich am besten in dem nahen Dorf Eldena. An der Nordwestseite des Hafens auch ein paar kleine Gaststätten, eine davon in einem aufgebockten Kutter, und jenseits der Zugbrücke kann man in dem großen Restaurant „Zur Fähre" gut essen.

Wieck ist nicht nur wegen der Versorgung, sondern auch wegen seiner parkartigen Lage ein guter Hafen. Ich würde hier mein Boot lassen und nicht auf eigenem Kiel nach Greifswald schippern, obwohl es möglich wäre. Die Zugbrücke wird geöffnet (Zeiten im Aushang des Hafenamtes). Der Stadthafen von Greifswald ist nicht so attraktiv, daß man da hinmüßte, vor allem ist er laut, wegen einer direkt daran vorbeiführenden Straße.

Greifswald

liegt etwa 4,5 Kilometer landeinwärts, auf nicht sehr hohen Hügeln. Mit ihren mächtigen Kirchen überragt die Stadt dennoch alles im Umkreis. Obwohl sie ein ähnlich wertvolles Stadtbild hat wie Stralsund, wirkt sie nicht so imposant, wohl weil sie nicht so unmittelbar am Wasser steht. Der Stadt fehlt auch das Majestätische von Stralsund, sie wirkt eher versponnen, ja, verschlafen.

Beide Städte, Stralsund und Greifswald, wurden etwa zur gleichen Zeit gegründet, um die Mitte des 13. Jahrhunderts, im Mittelalter also, aber Greifswald wurde noch vor Stralsund Mitglied des Hanse, im Jahre 1278. Gegründet wurde die Stadt von Mönchen des Zisterzienserklosters Eldena, dem heutigen Dorf nahe bei Wieck. Im Mittelalter sprudelte hier eine Salzquelle, der Ursprung des Wohlstandes von Kloster und Stadt. Das Kloster besteht nur noch als Ruine, die von Caspar David Friedrich in seinem berühmten Gemälde verewigt wurde. Die Stadt, die es später auch durch den Seehandel zu beträchtlichem Wohlstand gebracht hatte, wird geprägt von prächtigen Bürgerhäusern, dem Rathaus, vor allem aber von ihren drei großen Kirchen: der ältesten, der Marienkirche, dem imposanten Dom St. Nikolai und der Kirche von St. Jakobi.

Neben Seehandel und Schiffahrt war seit ihrer Gründung im Jahre 1456 (Amerika war noch nicht entdeckt!) die Universität prägend für Greifswald. Sehenswert das barocke Universitätsgebäude, wo viele Berühmtheiten ihre akademische Ausbildung erhielten, unter anderem der große Berliner Chirurg Sauerbruch.

Ein anderer großer Sohn der Stadt: der romantische Maler Caspar David Friedrich. 1774 hier geboren, hat er in vielen Bildern seine Heimat verewigt, Bilder, die fast jeder kennt: vor allem die Kreidefelsen von Rügen oder auch die Klosterruine von Eldena, die übrigens nur deshalb noch steht, weil Caspar David Friedrich sich dafür eingesetzt hatte – vorher war sie als Steinbruch mißbraucht worden.

Die Stadt ist im großen und ganzen recht gut erhalten, vor allem deshalb, weil sie den Zweiten Weltkrieg ungeschoren überstand. Der Stadtkommandant hatte sie im April 1945 kampflos den anrückenden Russen übergeben. Andererseits zeigt sie auch vielfach Spuren des Verfalls, zuwenig wurde offensichtlich in den vierzig DDR-Jahren für die Erhaltung der alten Bauwerke getan.

Bis zum ersten Hafen am Peenestrom, *Freest,* haben wir von Greifswald aus rund 17 Seemeilen Fahrt vor uns. Wir halten uns zunächst immer an die großen, rot-weißen „KW"-Tonnen, die uns zur *Knaakrükken-Rinne* und damit zum *Peenestrom* führen. Alles etwas umständlich, teilweise entfernen wir uns mit diesem Kurs drei Seemeilen von der Küste. Wir halten uns so aber auch gut frei vom *Freesendorfer Haken,* einem üblen Flach, das sich 1,5 Seemeilen weit nordwärts erstreckt.

An Steuerbord haben wir immer die ebenso imposante wie bedrohliche Silhouette des Atomkraftwerks Greifswald, des größten der ehemaligen DDR.

Der Anleger von *Vierow* braucht uns nicht zu interessieren: eine zwar sehr große, aber doch kaum Schutz bietende Betonbrücke, ein ehemaliges Militärobjekt.

Bei der roten Leuchttonne 36 (Blk.(2)r.-16s), die eben nördlich des Freesendorfer Hakens und zwei Seemeilen westlich der Insel *Ruden* liegt, bereiten wir uns auf die Ansteuerung des Peenestroms vor. Über die vor seiner Mündung liegende Barre führen zwei Fahrwasser: Das westliche, die *Knaakrücken-Rinne,* nehmen wir. Sie hat 5 m Wassertiefe und ist etwa 40 m breit. Nach 2,5 Seemeilen vereinigt sie sich mit dem Hauptfahrwasser, der von Nordost kommenden *Tonnenbank-Rinne.*

Beide sind ohne Probleme zu befahren, wenn man sich nur exakt im Tonnenstrich hält. Bei dem Tonnenpaar Grün 31/Rot 30 führt eine 0,8 Seemeilen lange, betonnte Rinne zum Hafen von

Freest

wo wir diesen Törn beschließen wollen. Ein sehr guter Hafen, vor allem geschützt. Die Baggerrinne führt direkt auf den Fischerhafen zu, wo wir an dem langen Steg hinter der Außenmole festmachen können. (Im Fischerhafen sollten wir nicht herumkurven, jedenfalls nicht mit einem größeren Boot, denn im nordwestlichen Teil liegt unmotiviert und unbezeichnet eine Untiefe mit nur 1,30 m Wasser darüber.) Besser aber, wir fahren in den Yachthafen, einen schmalen Schlauch, der an jeder Seite einen langen Steg hat. Wassertiefe etwa 2,50 m. Das Schilf wächst so hoch, daß wir von der Landschaft ringsum, geschweige denn vom Peenestrom etwas sehen könnten. Das Clubhaus steht im Schilf an der Nordseite, der Hafenmeister hat sein Büro in einem Container an der Südseite, hier auch Duschen und WCs. Lebensmittel im nahen Dorf.

Freest ist ein großer, lebendiger Fischerhafen, entsprechend auch die Einrichtungen: Reparaturwerft, Slip und Tankstelle.

Die 10 Sicherheitsgebote

Sieht man von der gefährlichen Ecke vor Darßer Ort ab, so ist der Greifswalder Bodden das Revier, das die meisten Anforderungen an Crew und Boot stellt. Grund genug, sich noch einmal der wichtigsten Vorsichtsmaßregeln bewußt zu werden:

1.
Schätze deine Kenntnisse und Fähigkeiten richtig ein, vor allem: Überschätze sie nicht!

2.
Mache dich mit den Eigenschaften deines Bootes vertraut. Du mußt dich jederzeit darauf verlassen können, aber mute ihm nicht mehr zu, als es leisten kann.

3.
Rüste dein Boot mit den notwendigen und geeigneten Rettungsmitteln aus.

4.
Informiere dich sorgfältig über das Revier, wo du segeln wirst. Verwende immer nur auf den neuesten Stand berichtigte Seekarten.

5.
Unterrichte dich über die vorhergesagten und vorherrschenden Wetter- und Seegangsverhältnisse. Höre den Wetterbericht ab, bevor du ablegst.

6.
Hast du Gäste an Bord, erkläre ihnen das Boot, und mache sie mit den Sicherheitsvorkehrungen vertraut.

7.
Stelle dich immer darauf ein, daß einer über Bord geht. Trainiere deshalb Über-Bord-Manöver unter guten Bedingungen, damit sie klappen, wenn der Ernstfall eintritt.

8.
Verlasse nie deinen Liegeplatz bei Nebel. Auch wenn die Zeit drängt: Sicherheit geht vor.

9.
Halte dich von der Berufsschiffahrt fern.

10.
Halte stets einen gehörigen Ausguck.

Sicherheitsausrüstung für seegehende Boote

Gesetzliche Ausrüstungspflicht
Positionslaternen
Signalkörper
Schallsignalgeräte
Empfohlene Mindestsicherheitsausrüstung
Ohnmachtsichere Rettungsweste mit Signalpfeife für jeden, der an Bord ist, Kompaß, Lenzpumpe, Eimer, Ösfaß, Riemen oder Paddel, Bootshaken, Taschenlampe, Feuerlöscher, Anker mit Kettenvorläufer und Leine, Schleppleine, Signalhorn oder Trillerpfeife, Sicherheitsgurt zum Einpicken für jedes Besatzungsmitglied, Rettungsboje mit Trillerpfeife, Farbbeutel, Treibanker, selbstzündendem Licht und einer Stange mit Flagge, Notsignale und Sturmstreichhölzer, Erste-Hilfe-Kasten.
Empfohlene Zusatzausrüstung
Rundfunkempfänger, UKW-Sprechfunkanlage, Internationales Signalbuch, Signalflaggen, Bordapotheke, Radarreflektor, Reservekanister, Ersatzteile, Werkzeug, Drahtschere, Leckdichtungsmaterial.

Was tun, wenn man Hilfe braucht?

- Langsames und wiederholtes Heben und Senken der seitwärts ausgestreckten Arme.
- Knallsignale in Zwischenräumen von ungefähr einer Minute geben.
- Dauerton eines Nebelsignalgebers.
- Rote Handfackel.
- Rote Fallschirm-Leuchtrakete.
- Flaggensignal NC des Internationalen Signalbuches.
- Ball über oder unter einer viereckigen Flagge.
- Flammensignal.
- Raketen oder Leuchtkugeln mit roten Sternen einzeln in kurzen Abständen.
- Mayday durch Sprechfunk.
- SOS (...---...) durch Licht- oder Schallsignale.
- Orangefarbenes Rauchsignal.
- Seewasserfärber.
- Orangefarbenes Segeltuch mit einem schwarzen Quadrat oder Kreis (zum Erkennen aus der Luft an Deck auslegen).

Nautische Unterlagen: *Sportbootkartensatz Nr. 3006 „Karten der Ostsee von Stralsund bis Oderhaff", „Verzeichnis der Leuchtfeuer und Signalstellen, Teil II: Ostsee, SW-licher Teil, und Gewässer zwischen Ost- und Nordsee", Nr. 2101.*

5 AUF STROM UND SEE

PEENESTROM UND ACHTERWASSER

Vater Gentz. Winziger Bootshafen bei Karnin, am Übergang vom Peenestrom zum Kleinen Haff. Rechts an der Bildkante der Lotsenturm, das unverwechselbare Kennzeichen dieses idyllischen Hafens.

1 *Wolgast, alte Handels- und Schiffsbaustadt am Peenestrom.*

2 *Die Schloßinsel von Wolgast, wo früher eine Burg der Herzöge von Pommern stand.*

3 *Der Bootshafen Dreilindengrund, eben nördlich von Wolgast, am Westufer des Peenestroms.*

1 *Zinnowitz, bester Bootshafen am Achterwasser und nur ein paar Minuten vom Ostseestrand entfernt.*

2 *Am Nordufer vom Achterwasser, nahe Koserow.*

3 *Stagnieß, ein guter Hafen in absoluter Einsamkeit.*

4 *Gute Ankerplätze bietet der Balmer See. Die Schilfinsel Werder steht ebenso wie der Nepperminer See dahinter unter Naturschutz.*

3

4

1 *Lassan. Landstädtchen am Peenestrom mit kleinem Hafen.*

2 *Anklam an der Peene. Ein Abstecher, der nicht unbedingt lohnt.*

3 *Nochmals Lassan: Sieht so besser aus, als es in Wirklichkeit ist.*

1 *Die berühmt-berüchtigten Reste der Eisenbahnbrücke von Karnin. Man sieht hier deutlich die gefährlichen Stummel der früheren Brükkenpfeiler. Vorne der Zollhafen von Karnin.*

2 *Nochmals Vater Gentz. Wirklich nur etwas für kleine Boote.*

Der Peenestrom ist allemal mehr als nur eine Verbindung vom Greifwalder Bodden zum Stettiner Haff. Er führt durch eine stille, schöne Landschaft, vorbei an ein paar netten Häfen. Und vor allem: Er bietet mit dem Achterwasser ein interessantes Segelrevier, mit mehreren einsamen Ankerbuchten und zwei seltsamen Häfen.

Der Peenestrom windet sich einem Fluß gleich vom Greifswalder Bodden hinunter zum Stettiner Haff. Anfangs noch sehr schmal, weitet er sich später zu größeren Buchten, von denen das Achterwasser die größte ist. Der Peenestrom ist der westliche Mündungsarm der Oder. Eine künstliche Rinne, ausreichend tief und vor allem gut betonnt, macht ihn erst befahrbar. Häufig ist es unmittelbar neben der Fahrrinne sehr flach, so daß man sich fast immer gut im Tonnenstrich halten muß. Ein kompliziertes System von Richtfeuern geleitet die Schiffahrt nachts durch den Peenestrom. Bei sorgfältiger Navigation könnte man also auch in der Nacht unterwegs sein. Ich rate aber davon ab.

Zu achten hat man auf den *Strom.* Es gilt folgende Faustregel: Bei Winden aus Südost bis West läuft er zum Greifwalder Bodden, bei Winden aus Nordwest bis Ost zum Stettiner Haff.

Letzteres wäre also auf diesem Törn erwünscht, denn dann schöbe ein Strom von immerhin zwei Knoten mit. Auf der Rückreise wäre es umgekehrt besser.

Die beiden nur eine Seemeile von *Freest* entfernten Häfen *Peenemünde* und *Kröslin* kommen für uns nicht in Betracht. Peenemünde auf der Insel Usedom ist sowieso gesperrt, und sein Gegenüber, Kröslin, ist ein reiner Betriebshafen. Beide wurden im Zweiten Weltkrieg für das V2-Projekt angelegt, dienten als Versorgungshäfen für die „Heeresversuchsanstalt Peenemünde".

An sich soll uns der gut zwei Seemeilen weiter, auf Usedom gelegene Hafen von

Karlshagen

nicht interessieren, es sei denn, wir wollten uns Peenemünde ansehen. Ein gut ausgebauter Fischereihafen mit einem Tonnenhof der Schiffahrtsverwaltung. Yachten sollten ihn nur im Notfall anlaufen und dann ganz nach hinten verlegen, wo man an der Ostkade zwischen 1,30 und 2,40 m Wasser vorfindet. Versorgung gleich Null.

Kommt man aber auf dem Wasser nach Usedom, so ist es eben der Peenemünde am nächsten gelegene Hafen, wenn man sich denn schon dafür interessiert. Von 1936 bis 1945 entwickelten in der Peenemünder „Heeresversuchsanstalt" Wissenschaftler und Ingenieure die ersten Raketenwaffen. Chef war der damals erst 24jährige Wernher von Braun, der später so maßgeblich am amerikanischen Weltraumprogramm beteiligt war. 10000 Häftlinge aus dem KZ Sachsenhausen waren hier zu Zwangsarbeit verurteilt. Hier entstanden die V1 und die V2, mit denen London bombardiert wurde. Die V1, als Lenkflugkörper konzipiert, wurde zum Vorläufer aller *guided missiles,* die V2 zum Vorgänger der amerikanischen Weltraumraketen. Das Versuchsgelände wurde 1945 den Russen unbeschädigt übergeben, die die Maschinen abmontierten und alle oberirdischen Gebäude sprengten. Die unterirdischen Anlagen aber existieren alle noch.

Eindrucksvoll liegt

Wolgast

auf dem ansteigenden Westufer, gekrönt von einer massigen, burgartigen Backsteinkirche. Wir haben hier zwei Möglichkeiten, zur Nacht zu liegen: entweder in dem kleinen Seglerhafen von *Dreilindengrund*, eben nördlich der Stadt, oder im Stadthafen selbst. Wollen wir in den Stadthafen, müssen wir durch die blaugestrichene „Brücke der Freundschaft". Die Brücke wird nicht sehr oft bedient, schon deshalb nicht, weil sie sehr stark befahren ist – der meiste Verkehr hinüber nach Usedom nimmt diesen Weg. Die Brücke wird dreimal täglich geöffnet, und zwar gegen 08.40, 14.00 und 17.40 Uhr. Die genauen Zeiten, die sich ändern können, erfährt man in jedem Hafen des umliegenden Reviers. Käme ich zu einer ungünstigen Zeit an, würde ich im Hafen von Dreilindengrund bleiben, wollte ich am anderen Tag rasch weiter, würde ich bei passender Zeit die Brücke passieren.

Das Öffnen der Brücke wird wie folgt verlangt: Man hißt zwei Flaggen im Want und gibt das Schallsignal „zweimal lang".

Die Brückensignale:

Signalarm waagerecht (nachts 2 F.r.wgr.): Durchfahrt verboten.

Signalarm 45° (nachts 2 F.gn.wgr.): Durchfahrt frei.

2 schwarze Bälle senkrecht (nachts 3 F.r.wgr.): Störung, Brücke kann nicht geöffnet werden.

Von der Brücke einmal abgesehen: Dreilindengrund ist ein richtiger, schön gelegener, gut eingerichteter Bootshafen, wo man ruhig liegt. Der Stadthafen hingegen ist laut und auf Yachten überhaupt nicht eingerichtet.

Will man zum Yachthafen *Dreilindengrund,* so verläßt man die Rinne bei dem Tonnenpaar Grün 77/Rot 70. Von hier aus führt eine schmale Rinne anfangs hart am Schilffeld vorbei in die Spitzenhörner Bucht und damit zum Yachthafen. Diese Zufahrt ist mit kleinen grünen und roten Tonnen gut markiert. Boote mit einem Tiefgang bis zu 2 m müßten bei normalem Wasserstand keine Schwierigkeiten haben. Kritischer Punkt, weil hier am flachsten, anfangs der Ansteuerung. Der Grund ist eher schlammig, jedenfalls nicht fest. Man läßt sich an einem der Stege einen Platz zuweisen: Außen beträgt die Wassertiefe 1,90 m, um dann auf 1,50 bis 1,00 m abzunehmen.

Der kleine Hafen liegt recht hübsch unter hohen Bäumen. Auf die Stadt, zu der es etwa 20 Minuten weit ist, hat man einen schönen Blick. Man wird gastfreundlich aufgenommen. Die Versorgung ist recht ordentlich: WCs, Duschen, Wasser, Slip, Clubhaus.

Der *Stadthafen* liegt eben südlich der Brücke, zwischen Schloßinsel und Stadt. Sehr unruhig, wegen des Verkehrs, auch wegen der parkenden Autos, aber wenn man weiter außen bleibt, ist es erträglich. Ansonsten nicht ohne Atmosphäre. Bei dem großen Fachwerkgebäude am Hafen handelt es sich um einen Kornspeicher aus dem Jahre 1877. Er ruht auf 99 Pfählen und gehört zu den größten seiner Art in Norddeutschland.

Vorsicht: Vom Stadthafen aus fährt eine Eisenbahnfähre

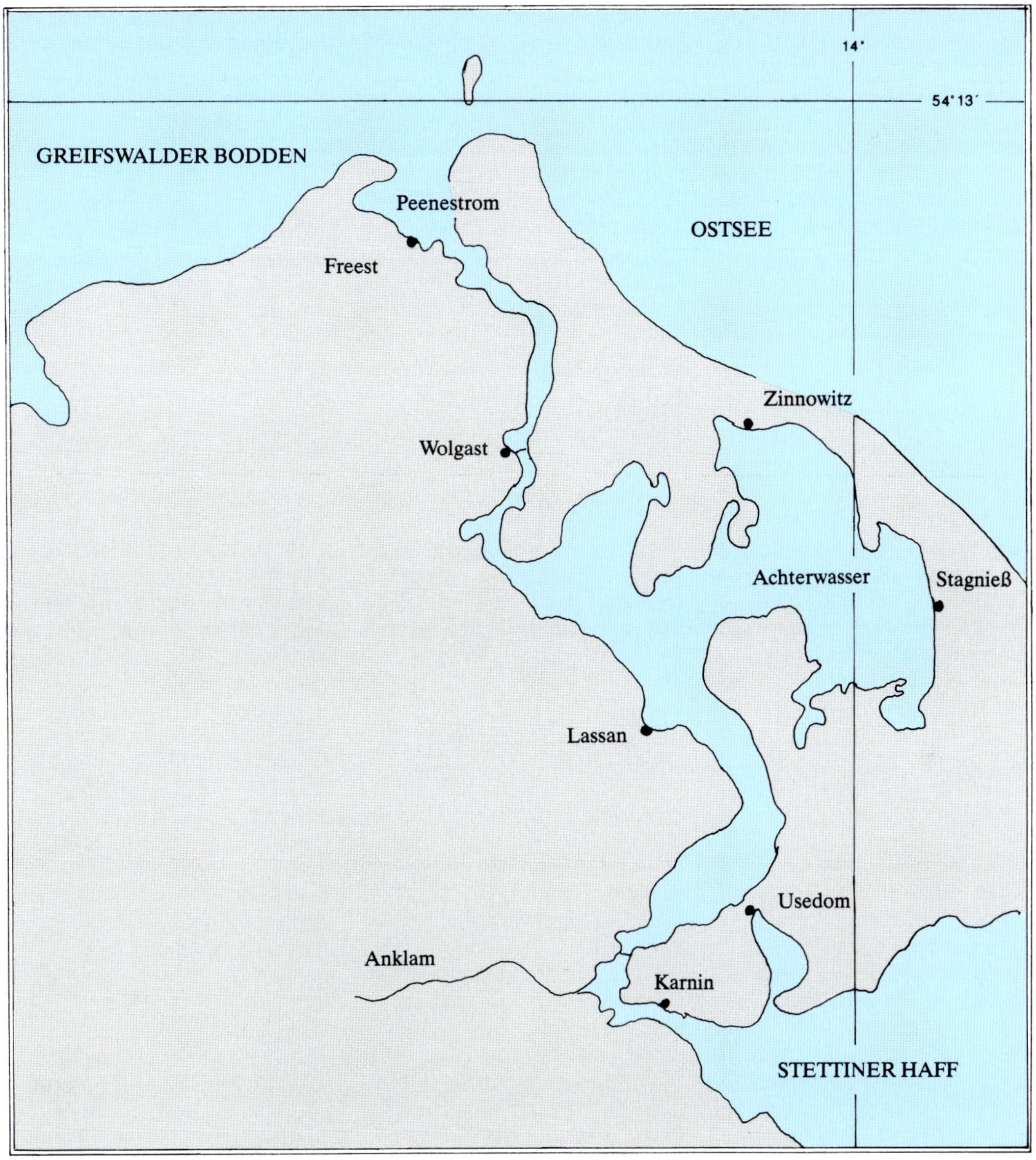

hinüber nach Usedom, sie legt unmittelbar südlich der Brücke an!

Diese pommerische Kleinstadt ist recht ansehnlich, ohne daß man deswegen in Begeisterung ausbrechen müßte. Die Straßen ziehen sich alle den Berg hoch, hin zum Marktplatz und der wuchtigen St.-Petri-Kirche. An der Westseite des Peenestroms erstrecken sich die Hafenanlagen mit der großen Peenewerft. Die Stadt ist sehr alt. Ursprünglich eine slawische Siedlung, wurde sie erstmals 934 urkundlich erwähnt, unter Kaiser Heinrich I. Im Mittelalter war Wolgast Sitz der Herzöge von Pommern, die auf der Schloßinsel eine Burg bauten und im 13. Jahrhundert dazu noch ein Schloß. Das ist alles verschwunden. Die Stadt geriet immer wieder in kriegerische Auseinandersetzungen, 1722 wurde sie sogar vollständig niedergebrannt. Vom Dreißigjährigen Krieg bis 1815 gehörte sie zu Schweden, seitdem ist sie preußisch.

Im vorigen Jahrhundert erlangte Wolgast eine gewisse Bedeutung als Seehafen, auch mehrere Werften waren hier beheimatet. Auf die Dauer konnte es sich aber gegen die Konkurrenz von Stettin und Swinemünde nicht behaupten. Heute ist die Peenewerft mit mehreren tausend Beschäftigten der Hauptarbeitgeber der Stadt und auch der näheren Umgebung.

Eben südlich von Wolgast kann man ein Stückchen etwas freier dahinsegeln, ohne in das Korsett der Fahrrinne gezwängt zu sein. Spätestens ab dem Tonnenpaar Grün 85/Rot 88 muß man sich aber wieder im Tonnenstrich halten. Eine kritische Stelle erreicht man in der *Negenmark Rinne,* bei dem Tonnenpaar Grün 95/Rot 94: Hier wird es unmittelbar neben der Rinne extrem flach. Weil das Fahrwasser immer wieder verschlammt, sind hier häufig Bagger am Werk. Kritisch ist die Stelle auch deshalb, weil zeitweise ein beträchtlicher Strom steht, der Richtung Greifswalder Bodden setzt und bis zu drei Knoten Geschwindigkeit erreicht. Mit dem Wind hat er direkt nichts zu tun, es handelt sich nämlich um einen Wasserausgleich: Wenn nach längeren Windperioden im Achterwasser der Pegel sehr gestiegen ist, dann fließt das Wasser Richtung Greifswalder Bodden ab. Man kann also diesen Strom auch dann haben, wenn entgegen der eingangs erwähnten Regel gar kein Wind herrscht.

Von dem Tonnenpaar Grün 97/Rot 96 an haben wir endlich Raum zum Segeln. Nach Norden erstreckt sich die ebenso breite wie – insgesamt gesehen – tiefe *Krumminer Wiek.* Häfen gibt es hier keine, aber zum Segeln, auch zum Ankern ist dieses weite Gewässer gut geeignet. Abgeschlossen wird die Bucht im Osten von der Halbinsel *Gnitz,* deren fast weiße, steil ansteigende Südwesthuk eine weithin sichtbare, unverwechselbare Landmarke darstellt.

Bei der Einsteuerung in das

Achterwasser

ist es nicht falsch, etwas Vorsicht walten zu lassen. Ich würde mich im Hauptfahrwasser des Peenestroms ruhig bis zur roten Spiere 2 der *Moderort Rinne* halten und dann erst mit Kurs 33° das Achterwasser ansteuern. Man läuft so sicher zwischen zwei Untiefen hindurch, dem im Westen gelegenen Steinfeld *Hohe Schaar* und dem im Osten vor der Halbinsel Lieper Winkel sich erstreckenden *Warther Haken.*

Das Achterwasser ist an sich ein gutes Segelgebiet, leider sind nicht alle Untiefen betonnt. Man muß also immer die Seekarte zur Hand haben und eifrig koppeln. Häfen gibt es eine ganze Menge, alle liegen sie am Nordufer. Davon aber sind für Kielyachten nur zwei brauchbar: Zinnowitz und Stagnieß. Die anderen können allenfalls von Jollen oder Kielschwertern angelaufen werden. Woran es allerdings nicht mangelt, sind Ankerplätze.

Nachts kann man im Achterwasser nicht unterwegs sein. Bis vor kurzem gab es nur ein Leuchtfeuer, das auf der Halbinsel Görmitz. Es diente aber weniger der Einsteuerung ins Achterwasser als der Zufahrt zu der Bucht *Twelen.* Es ist gelöscht worden.

Die Bucht

Twelen

war vor der Wende gesperrt, ist jetzt aber zugänglich. Früher fuhren größere Tankschiffe in die Bucht, um Erdöl aufzunehmen, das auf der Halbinsel Gnitz gefördert wurde. Offensichtlich sind die Erträge nicht so hoch, daß sich dies weiterhin lohnt. Erdöl wird zwar noch gefördert, es wird aber mit Tankwagen abtransportiert.

Von all dem sieht man vom Wasser aus wenig, läßt man einmal die lange Pier an der Westseite außer acht. Man liegt hier recht gut, ruhig vor allem. Die Ufer aber sind alle flach, und bei starkem Wind hat man wenig Schutz.

Zinnowitz

der beste Hafen in diesem Revier, liegt in der Nordwestecke des Achterwassers in sehr flachem, sumpfigem Gelände. Zum Ostseebad Zinnowitz führt eine uralte Allee, und von dort zum Ostseestrand ist es nur ein Katzensprung. Man sollte zunächst einmal die rot-weiße Ansteuerungsspiere fassen, die eine knappe Seemeile südöstlich vom Hafen ausliegt. Danach läuft man mit Kurs 310°, den man exakt halten muß, auf die Einfahrt zu. Unmittelbar davor liegt die rote Spiere Nr. 4.

Der nicht sehr große Hafen wird von abgesenkten Schuten geschützt, die quasi als Molen dienen. Sie sind inzwischen so eingewachsen, daß man schon genau hinschauen muß, um sie als solche zu erkennen.

Die Brücke westlich vom Hafen ist reserviert, vor allem für Schiffe der Weißen Flotte. Gastboote legen im allgemeinen an dem Steg vor den Boxen an. Aber auch im Hafen selbst darf man zwischen Pfahl und Steg festmachen, soweit etwas frei ist. Ein kleiner, feiner Hafen, ein idyllischer Platz. Im Clubhaus mit seiner Reetdachhaube das „Seglerparadies", ein Restaurant.

Zum Ort mit seinen guten Versorgungsmöglichkeiten gelangt man durch die schon erwähnte Allee mit der uralten, holprigen Straßenpflasterung, typisch für Mecklenburg und Pommern. Wahrscheinlich wird sie in absehbarer Zeit unter einer Asphaltdecke verschwinden.

Hält man sich am Nordufer ostwärts, so kommt man an mehreren kleinen Häfen wie etwa *Koserow* vorbei, die alle zu flach sind, als daß eine Kielyacht sie anlaufen könnte. Eine Ausnahme macht nur *Rieck* eben östlich von dem Dorf Zempin. Das ist eine schmale, von Schilf gesäumte Bucht, die an ihrem Ende einen kleinen Hafen hat. Wassertiefe zuletzt 1,40 m. Vor der Wende war der Hafen gesperrt. Die damaligen Machthaber hatten Angst, daß von da aus Menschen über die Ostsee flüchten könnten. Der Hafen ist, wie schon gesagt, jetzt wieder offen und als Ankerplatz sehr gut geeignet, jedenfalls sehr geschützt.

Will man nach *Stagnieß,* dem anderen „echten" Hafen am Achterwasser, so sollte man auf alle Fälle die gelb-schwarz-gelbe Spiere „Wussow W" anliegen, weil man so gut von dem gleichnamigen Steinfeld freibleibt. Von der eben südlich gelegenen rot-weißen Spiere S 1 sind es zwei Seemeilen bis zum Hafen

Stagnieß

(Betonung auf der zweiten Silbe) am Ostufer. Zu sehen aber ist nichts. Man läuft zunächst exakt Kurs E und erreicht damit auch die rot-weiße Ansteuerungstonne „Stagnieß". Von hier dann durch das Tonnenpaar Grün 1/Rot 2. Vorsicht: außerhalb sehr flach! Die gut 250 m lange Einfahrt führt erst durch mannshohes Schilf, später durch Sumpf und Erlenwäldchen. Außen ist sie an der Westseite mit einer Holzspundwand, an der Ostseite mit drei abgesenkten Schuten geschützt. Man halte sich einlaufend mehr an die Holzwand. Kurz vor dem Hafen weitet sich der Kanal zu einer fast kreisrunden Bucht, die früher einmal als Wendebecken diente. Das schmale Hafenbecken ist recht tief (zwischen 2 und 2,50 m). Man kann überall an den niedrigen Betonwänden festmachen.

Man liegt sehr ruhig hier und dies in jeder Beziehung. Eben hinter dem Hafen erhebt sich ein dichtbewaldetes Steilufer. Bis auf ein Haus in der Nähe keine Menschenseele weit und breit. Wie kommt ein so relativ großer Hafen in diese Einöde? Die Antwort geben die großen Lagerplätze, die aber auch mehr und mehr zuwachsen: In Stagnieß wurde früher Schrott angefahren, gelagert und per Schiff abgeholt. Das ist vorbei. Und so muß man sehen, was aus diesem weltentlegenen Hafen einmal wird. Versorgung gibt es keine. Wer gut zu Fuß ist, kann durch einen verwilderten Wald zum Ostseestrand wandern (2,5 Kilometer). Ansonsten freut man sich einfach an dieser Einsamkeit zwischen Wald, Sumpf und Schilf.

Nach Stagnieß bleibt nur noch eines: Ankern. Eine sehr gute Ankerbucht findet man nordwestlich von hier: Bei dem Ort *Loddin* führt die 2-m-Linie dicht an das – allerdings sumpfig-flache – Land heran. Man liegt hier gut bei Winden aus Nord.

Einen bei allen Windrichtungen geschützten Ankerplatz bietet der *Balmer See* in der Südostecke des Achterwassers. Kommt man von Stagnieß, muß man auf einen Stein achten, der *vor* der 2-m-Linie liegt (auf der Höhe des Ortes Pudagla). Den mit dem Balmer See verbundenen *Nepperminer See* darf man nicht befahren, er ist Naturschutzgebiet. Aber immerhin: Bis fast an die Insel *Werder* kommt man heran. Eine stille, harmonische, Ruhe atmende Wasserlandschaft.

Der westlich von hier gelegene *Borken-* oder *Krienker See* schneidet weit ins Land ein, bietet also guten Schutz. Aufpassen muß man vor dem bezeichnenderweise *Steinort* genannten Flach im Osten der Ansteuerung.

Will man das Achterwasser verlassen, rate ich, dies im Tonnenstrich zu tun. Vom Ankerplatz Krienker See aus würde ich auf jeden Fall die gelb-schwarz-gelbe Tonne „Wussow W“ anliegen, um danach sauber nach den Tonnen zu navigieren – schon um mich von dem großen, steinigen Flach *Trockenort* freizuhalten, das von der Halbinsel Lieper Winkel aus sich weit nach Norden erstreckt.

Wenn wir bei der roten Spiere Nr. 2 wieder das Hauptfahrwasser des Peenestroms erreichen, zeigt unser Bug genau auf

Lassan

ein Landstädtchen, das mit seiner Kirche recht malerisch am Westufer liegt. Ob man es ansteuern soll, ist jedoch eine andere Frage. Es hat einen ordentlichen, kleinen Fischerhafen, der allerdings – außer bei Süd – wenig Schutz bietet. Das Städtchen selbst mit seinen grauen Häusern ist – Verzeihung! – trostlos. Wer es dennoch versuchen will: Zum Hafen führt eine etwa 2 m tiefe Rinne, an die man sich unbedingt halten muß, denn die Lassaner Bucht ist völlig verschlammt. Der Hafen besteht im wesentlichen aus einer breiten Mittelmole, wo man außen an beiden Seiten, vorzugsweise an der Westseite, festmacht. Die beiden Becken östlich davon sind nur für Fischer da. In dem „Hafen“ nordwestlich finden nur Angelboote Platz. Von der Stadt einmal abgesehen: Der Hafen ist nicht ohne Atmosphäre, hat auch eine recht gute Versorgung zu bieten: Wasser, WCs, Werft, Slip. In den Ort mit seinen Geschäften nur ein paar Minuten.

Fährt man auf dem Peenestrom weiter zum Stettiner Haff, so gelangt man bald zu mehreren etwas kitzligen Stellen. Zuerst zur *Moderort Rinne*, ein Gewässer, das zwar sehr breit wirkt, dennoch aber sehr flach ist. Auch wenn es auf der Seekarte anders aussieht: Man sollte stur in der Rinne bleiben. Landschaftlich ist es sehr schön ringsum und auch sehr einsam. Das zweite Problem, die alte *Eisenbahnbrücke* von Karnin, kommt später. Die *Zecheriner Brücke* passieren wir nach den gleichen Regeln wie die anderen, uns schon bekannten. Wer länger auf das Öffnen der Brücke warten muß, kann eben nördlich davon nach Westen auf das Richtfeuer „Pinnow“ zufahren und auf 2 m Wassertiefe ankern.

Unmittelbar südlich der Brücke mündet die *Peene*. Eigentlich handelt es sich um zwei Mündungsarme, aber nur der südliche, der *Richtgraben*, ist schiffbar. Man könnte auf dem Flüßchen vier Seemeilen bis nach

Anklam

schippern, aber ob sich dies lohnt, darüber ließe sich trefflich streiten. Die Stadt bietet außer zwei großen Kirchen, von denen eine ausgebrannt ist, wenig Sehenswertes, statt dessen viele Neubauten im unsäglichen SED-Einheitsstil. Der Hafen ist erstaunlicherweise recht geschäftig; er liegt jenseits einer Eisenbahn-Hebebrücke, die für Yachten natürlich nicht geöffnet wird. Von weitem sichtbar die großen Silos am Hafen. Der kleine Bootshafen befindet sich vor der Brücke, recht hübsch im Grünen gelegen, aber seinetwegen muß man nicht nach Aklam und wegen der Stadt selbst erst recht nicht.

Die Reste der hohen *Eisenbahnbrücke* von Karnin sind von weither zu sehen, eine gewaltige, hoch in den Himmel ragende Eisenkonstruktion. Über diese Brücke lief bis zum Ende des Zweiten Weltkriegs die Eisenbahnverbindung von Berlin nach Swinemünde, vor allem zu den beliebten Ostseebädern auf Usedom. Die Brücke war eine kühne Konstruktion; das Mittelteil war die meiste Zeit gehoben, damit die Schifffahrt frei hindurchfahren konnte. Nur wenn ein Zug kam, wurde es abgesenkt. 1945, als die Russen anrückten, wurde die Brücke gesprengt. Das Mittelteil wurde später nach oben gehoben und fest verschweißt, so daß man jetzt ungehindert hindurchfahren kann. Die Passage unter der Brücke hat ihre Tücken: Zumeist steht hier ein starker, nach Westen setzender Strom. Besonders wichtig: Man darf im Bereich der Brücke das Fahrwasser keinesfalls verlassen, denn daneben befinden sich noch Reste der anderen Brückenpfeiler. Sie können am Rumpf schweren Schaden anrichten, sollte man mit ihnen kollidieren.

Eben östlich der Brücke liegt am Ufer von Usedom der Hafen von

Karnin

ein Zollhafen in erster Linie, der aber nicht nur deswegen angelaufen wird. Sobald man die rote Tonne 68 passiert hat, kann man auf das sich nach Südost öffnende Becken zuhalten. An der Südseite ein Steg, an dem Zoll- und Bundesgrenzschutzboote ihren Platz haben, hier auch die Zollabfertigung. Wer nach Polen will, kann hier ausklarieren (siehe auch Seite 122).

Yachten können sich an dem Bollwerk gegenüber einen Platz suchen, müssen allerdings in Kauf nehmen, daß hier die Weiße Flotte anlegt. Ansonsten kann man gut mit dem Bug an das Schilfufer heranfahren und den Heckanker ausbringen. Ein geschützter Hafen, der allerdings meist sehr voll ist. Zum Dorf nur ein paar Schritte, oben, etwa 100 m vom Hafen, ein kleiner Lebensmittelladen, sonst keine Versorgung.

Gut zwei Kabellängen östlich von hier finden flachgehende Boote einen idyllischen Liegeplatz bei

Vater Gentz

Die winzige Hafenbucht heißt so, weil hier ein beliebter kleiner Gasthof steht, eben „Vater Gentz“. Es gibt einen wackeligen Steg, an dessen Westseite man etwa 1 m Wasser hat; an der Ostseite ist es untief. Ein wirklich schöner Platz, aber nur für das richtige, sprich: kleine Boot.

Nautische Unterlagen: *Sportbootkartensatz Nr. 3006 „Karten der Ostsee von Stralsund bis Oderhaff“, „Verzeichnis der Leuchtfeuer und Signalstellen, Teil II: Ostsee, SW-licher Teil, und Gewässer zwischen Ost- und Nordsee“, Nr. 2101.*

6 GANZ WEIT IM OSTEN

AM KLEINEN HAFF

Ueckermünde: Bester Hafen am Kleinen Haff. Am schönsten liegt man nördlich der Brücke, im alten Stadthafen.

1

2

3

1 *Usedom auf Usedom. Landschaftlich reizvoll, doch nur wenige Liegeplätze.*

2 *Einfahrt in den Usedomer See.*

3 *Usedom, sein See und oben am Bildrand das Kleine Haff.*

1 *Mönkebude am Haff. Guter Hafen mit feinem Strand.*

2 *Der Ueckerkopf, Mündung der Uecker in das Haff. Man kann unter den Bäumen gut am Hafenkanal liegen.*

3 *Ueckerkopf. Auf der grünen Wiese, gleich links hinter der Einfahrt, entsteht ein großer Bootshafen.*

2

3

4

1 *Ueckermünde. Man fühlt sich in diesem Becken etwas eingekesselt. Es gibt Besseres.*

2 *Der Stadthafen hat Atmosphäre.*

3 *Liegeplätze hinter der Klappbrücke. Etwas umständlich zu erreichen.*

4 *In der Biegung des Flusses. Schöne Plätze zwischen Pfahl und Steg, eben vor dem Stadthafen von Ueckermünde.*

So groß das Kleine Haff auch ist, eher wirkt es intim, und immer ist es überschaubar. Ein feines Segelrevier. Fünf Häfen haben wir zur Auswahl, darunter den großen Stadthafen von Ueckermünde. Polen ist nahe, man merkt es an vielem. Die nasse Grenze verläuft mitten durch das Haff. Wer diesen Törn macht, kommt ganz weit nach Osten.

Was die Bezeichnung angeht, hat man mit dem Stettiner Haff, dessen westlichen Teil ja das Kleine Haff bildet, einige, wenn auch nicht gerade schwere Probleme. Stettin, von dem das Haff seinen Namen hat, ist seit 1945 polnisch. Die Polen nennen das Haff logischerweise auch so: *Zalew Szczecinski*. Warum wir nicht auch? Das Ganze ist eine komplizierte Frage, über die sich auch hochkarätige Völkerrechtler den Kopf zerbrechen: Nach Kriegsende, im Jahre 1945, besetzten die Polen Stettin, unrechtmäßig, denn Stettin liegt am Westufer der Oder, sollte also nach dem Willen der alliierten Siegermächte deutsch bleiben. Der deutsche Kommunist Walter Ulbricht erhob zwar schärfstens Protest gegen diese Okkupation, was aber die polnischen Kommunisten kaltließ. Wie auch immer: Aus dem deutschen Stettin wurde das polnische Szczecin. Die DDR verlieh ihrem Protest dadurch Ausdruck, daß sie Stettin als Name tilgte und aus dem Stettiner Haff das *Oderhaff* machte.

Und weil wir schon bei dem Thema sind: Die nasse Grenze zwischen Deutschland und Polen verläuft vom Hafen *Altwarp* auf dem Festland hinüber zum Hafen *Kamminke* auf Usedom. Sie ist mit sehr vielen gelben Grenztonnen deutlich markiert. Will man nach Polen segeln, braucht man kein Visum, denn die Visapflicht zwischen Polen und Deutschland ist aufgehoben. Eindeutig ist die Situation aber noch nicht.

Ich rate, so zu verfahren: Wer nach Polen segeln will, sollte auf deutscher Seite ausklarieren. Das kann man in Karnin (s. S. 113) und in Ueckermünde (s. S. 123) tun. Bei diesen Grenzstellen erhält man eine „Mannschaftsliste“, was einerseits die Einreise nach Polen erleichtert, vor allem aber die Rückreise, wenn man bei uns wieder einklariert. Das polnische Grenz- und Zollboot liegt auf der Höhe der gelben Tonnen 15 und 16: Man sollte an dieser Stelle die Grenze passieren.

Von allen Grenzfragen einmal abgesehen, das

Kleine Haff

ist ein feines Segelrevier. Das vorab. Es hat beträchtliche Ausmaße: Von West nach Ost (bis zur Grenze) mißt es 14 Seemeilen, an seiner breitesten Stelle, von Nord nach Süd, immerhin noch acht. Im großen und ganzen ist es tief und frei von unvermuteten Hindernissen. Flachs gibt es bei *Borkenhaken* östlich vom Usedomer See, dann bei *Kamighaken* westlich von Ueckermünde und östlich davon mit dem *Hartschaar*, schließlich noch ein ganz großes vor Altwarp, den *Repziner Haken*. Alle diese Flachs sind *nicht* mit Tonnen markiert!

Die wichtigste Betonnung liefert das Hauptfahrwasser, das von West nach Ost das Haff quert. Dazu gibt es noch Tonnenstriche bei der Ansteuerung der Häfen. Alles etwas dünn, aber man kommt schon zurecht, wenn man nur sorgfältig koppelt.

Die Küste erscheint immer nahe, obwohl es doch beträchtliche Entfernungen sind. Sie ist eher flach, steigt nur langsam an, außen Schilf, dann flache Wiesen, im Hintergrund dunkle Wälder.

Häfen gibt es am Haff insgesamt fünf, zwei auf Usedom, die anderen auf dem Festland. Der Festlandshafen Ueckermünde ist der mit Abstand größte und beste.

Bevor wir uns ganz dem Genuß des freien Segelns im Kleinen Haff hingeben, machen wir noch einen Abstecher zum schönen *Usedomer See*. Wir verlassen das Hauptfahrwasser bei dem Tonnenpaar Grün 61/Rot 90 (immer noch Peenestrom) und laufen im Tonnenstrich nordwärts auf eine ganz schmale Passage zu. Linker Hand auf einem sanft ansteigenden Hügel haben wir das Dorf Wilhelmshof, rechts im Schilf und zwischen Weiden ein paar Fischerhäuser. So eng die Passage auch ist, man kann an beiden Seiten gut liegen. Es gibt Bollwerke, die allerdings ziemlich rott sind, aber wenn man vorsichtig anfährt, kann man da schon festmachen, und vor Heckanker liegt man dann recht sicher. Versorgung gibt es natürlich keine. Aber an einem idyllischen Fleckchen Erde ist man da angelangt.

Den stillen Usedomer See muß man unbedingt im Tonnenstrich queren, denn er ist doch arg verschlammt; nur flachgehende Boote können ein Stück hineinfahren, finden dann

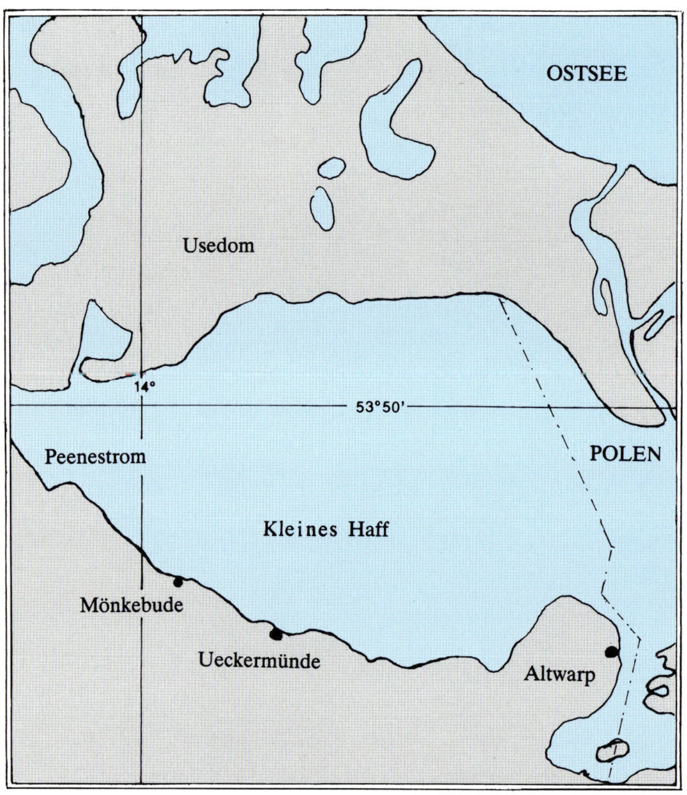

auch ruhige Ankerplätze. In der Rinne hat man 2 m Wasser, womit man im Hafen selbst nicht überall rechnen kann.

Schon vom Peenestrom aus konnte man die hohe Backsteinkirche von

Usedom

sehen. Sie überragt alles im weiten Umkreis und steht sehr eindrucksvoll da. Die „Hauptstadt" der gleichnamigen Insel ist allenfalls eine Kleinstadt, wenn auch sehr alt. Ursprünglich eine slawische Burgsiedlung, wurde der Ort 1125 erstmals urkundlich erwähnt. Ein Granitkreuz auf dem ehemaligen Burghügel erinnert daran, daß hier 1128 die wendischen Häuptlinge das Christentum annahmen. 1250 wurde Usedom zur pommerischen Stadt erhoben. Von ihrer früheren Bedeutung zeugen nur noch die Kirche und das Anklamer Tor, ein Torturm, der als einziges von der früheren Stadtbefestigung übriggeblieben ist.

Das ebenso günstig wie geschützt liegende Hafenstädtchen hatte früher als Handelsplatz eine gewisse Bedeutung. Doch das ist alles vorbei. Einige Gassen, die zum Markt hochführen, wo sich das ansehnliche Rathaus an die Kirche lehnt – das ist alles.

Der Hafen, so klein er auch ist, liegt landschaftlich ungemein schön. Problem: Er hat wenig Platz. Wer am Steg (Wassertiefe 1,20 m) nicht unterkommt, muß es im schmalen Becken bei den Fischern versuchen (außen 2,50 m Wassertiefe, nach hinten auf 1 m abnehmend).

Eine Alternative aber ist immer noch Ankern, das allerdings nur in unmittelbarer Nähe der Hafenanlagen möglich ist. Wer nicht aufpaßt, sitzt bald im Schlamm fest.

Die Versorgung ist mäßig: Wasser am Hafen, auch ein kleines Restaurant, und Fische von den Fischern, Lebensmittel im Städtchen.

So unzulänglich Liegeplatz und Versorgung auch sind, den Abstecher nach Usedom würde ich nicht auslassen.

Der am Südufer gelegene Hafen

Mönkebude

bietet keine nennenswerten Sehenswürdigkeiten, es sei denn, man wollte seine Lage zwischen Schilf und Strand als solche bezeichnen. Die Ansteuerung erfolgt am besten von der rot-weißen Tonne H/1 aus. Von da dann mit Kurs 203° auf den 3,5 Seemeilen entfernten Hafen zu. Man sollte diesen Kurs nehmen; nicht weil es auf anderen Kursen an Wassertiefe fehlte, sondern weil in dem Gebiet vor Mönkebude massenhaft Stellnetze stehen.

Wie stets, wenn man in diesem Revier einen relativ großen, gut ausgebauten Hafen vor sich hat, war er ursprünglich einmal fürs Militär angelegt worden. So auch hier. Das Militär ist weg. Jetzt liegen nur noch Fischer- und vor allem Sportboote im Hafen. Man müßte immer einen Liegeplatz finden, am besten an der Ostseite, wo der örtliche Club seine Plätze hat. Man muß nur darauf achten, daß die Anlegestelle für die Schiffe der Weißen Flotte freibleibt. Die Versorgung ist recht gut. Neben dem üblichen eine kleine Bootswerft, die auch Motoren repariert, mit Slip.

Der hübsche Hafen liegt zwischen Schilf und Strand, gesäumt von Birken- und Pappelalleen. Direkt neben dem Hafen ein feinsandiger Strand, dazu gehört eine Ferienhaussiedlung. Das Dorf selbst ist adrett, hat auch noch ein paar hübsche Reetdachhäuser, mehr aber läßt sich darüber nicht sagen.

Rund vier Seemeilen weiter östlich liegt der beste Hafen am Kleinen Haff,

Ueckermünde

Um von dem Flach *Kamighaken* freizubleiben, sollten Kielyachten von Mönkebude aus bis zum Anfang der Hafenansteuerung laufen, also bis zur grünen Tonne 1, und von da dann auf Kurs Ost gehen. Nach gut vier Seemeilen peilt man in Süd die ziemlich große, rot-weiße Ansteuerungstonne A/U (Glt.-4s). Darauf zu und dann mit Kurs 245° auf den Tonnenstrich zuhalten, der einen zur Ueckermündung führt. Auffallend von weitem: die hohen Bäume zu beiden Seiten der Mündung, dann östlich davon der Strand mit der weißen Strandhalle.

Gäbe es mit dem Stadthafen nicht Besseres, könnte man auch in der Ueckermündung, am Ueckerkopf, bleiben. Die unhandlichen Spundwände des Hafenkanals erfordern allerdings dicke Fender, noch besser wäre ein Fenderbrett. Der eben hinter der Mündung am Westufer gelegene kleine Bootshafen ist nicht mehr gesperrt. Gegenüber befindet sich der Grenzkontrollpunkt (s. S. 122).

Ich würde die Uecker gemächlich hochschippern und mir einen Platz im Stadthafen suchen. Man passiert dabei die Häfen zweier Yachtclubs, wo man allerdings auch recht gut liegt. Das Beste ist meiner Meinung nach aber der Stadthafen. Hier geht man an der Ostseite längsseits, die Westseite ist fast immer von Schiffen der Weißen Flotte belegt. Gute Atmosphäre, ein richtiger schöner Stadthafen, mit stattlichen Häusern, die allerdings auch schon bessere Zeiten gesehen haben.

Die Versorgung ist recht gut: Bootswerften, jeweils mit Slip, ein gutsortierter Zubehörhandel nahe den Yachthäfen, eine Dieseltankstelle am Stadthafen.

Hinweis: Die an sich schon gute Liegeplatzsituation in Ueckermünde wird sich noch weiter verbessern, wenn erst einmal die große Marina bei der Ueckermündung fertig ist. Bei Redaktionsschluß war sie im Bau. Sie soll einmal Platz für 420 Boote bieten, auch Ferienhäuser und Hotels sollen dort entstehen.

Neben dem stimmungsvollen Stadthafen hat dieses nette Landstädtchen noch einiges zu bieten. Da wäre das Schloß, dessen Turm über die Häuser am Hafen lugt: ein Renaissancebau von 1546, zeitweise Sitz der pommerischen Herzöge. Auch wenn von den ehemals vier Flügeln nur noch zwei erhalten sind, durchaus sehenswert. Eindrucksvoll der Blick vom Schloßturm über Stadt, Hafen und Haff. Trotz des Schlosses spielte das Städtchen als Residenz keine große Rolle, wohl aber als Hafen- und Handelsstadt. Ueckermünde, das schon 1713 an Preußen fiel, wurde von Friedrich dem Großen, der ja nicht nur ein großer Feldherr, sondern auch ein nicht minder großer Wirtschaftsförderer war, mit mehreren Manufakturen hochgebracht: Es gab Holzverarbeitung, Tuchwebereien und Gerbereien, vor allem aber Werften. Zehn große Segler wurden einst Jahr für Jahr auf Kiel gelegt. Erst als die Dampfschiffahrt aufkam, konnten sich diese Werften nicht mehr halten. Immerhin: 1843 hatten die Reeder von Ueckermünde noch 43 große Seeschiffe unter ihrer Flagge laufen.

Wer alle *deutschen* Häfen am Kleinen Haff sehen will, hat jetzt noch zwei vor sich, die beide hart an der Grenze zu Polen liegen. Beide sind in ihrer Art interessant. Der eine, *Kamminke*, liegt am Südufer von Usedom, der andere am Festland, und zwar östlich von Ueckermünde:

Altwarp

Und den wollen wir jetzt anlaufen. Man muß von zwei großen Flachs freibleiben, von *Hartschaar* und vor allem von dem weit nach Norden ausgreifenden *Repziner Haken*. Ich würde deshalb vorschlagen, von der rot-weißen Ansteuerungstonne A/U aus Kurs NE zu laufen. Nach knapp sechs Seemeilen erreicht man die große rotweiße Leuchttonne (Blk.-10s) H/6.

Aber Vorsicht: Nordöstlich von Ueckermünde befindet sich ein sehr großes Schießgebiet. Ich kann mir nicht vorstellen, daß das so bleiben wird, rate aber doch, vor dem Ablegen in Ueckermünde sich zu erkundigen.

Sollten wir ungehindert den obenbeschriebenen Kurs genommen haben, der durch eben dieses Schießgebiet führt, so stehen wir jetzt nur noch eine knappe Seemeile vor der Grenze nach Polen, die mit 35 gelben Spitztonnen überaus deutlich markiert ist. Wir gehen jetzt auf SE-Kurs und halten den gut 2,5 Seemeilen bei bis zur Leucht-Grenztonne Nr. 14. Auf der Höhe der gelben Grenztonnen 15 und 16 liegt das polnische Grenzboot. Wenn wir nach Polen wollen, müssen wir die Grenze zwischen diesen beiden Tonnen passieren und uns beim Grenzboot melden. Das aber ist jetzt nicht unsere Absicht. Wir fahren immer entlang den Grenztonnen 14 bis 9 und danach weiter im Tonnenstrich, der bei der Grünen Nr. 1 beginnt. Dabei queren wir, ohne daß es bemerkbar wäre, viermal die deutsch-polnische Grenze. Man kann immer davon ausgehen: Irgendwo im Schilf, durch das die Rinne führt, verläuft diese unsichtbare Grenze.

Wenn alles so bleibt, wie es bei Redaktionsschluß war, hat man in dem kleinen Hafen recht gute Liegeplätze, und zwar an der Südseite des Hafens auf 2,50 m Wassertiefe. Hier lagen früher die Grenzboote der DDR. Die sind weg, und in den Baracken ist die Gemeindeverwaltung untergebracht. Es gibt aber Pläne, in Altwarp wieder einen Grenzposten zu errichten. Bleibt es so, wie es jetzt ist, wäre es fast ideal. Die anderen Plätze werden nämlich durchweg von Fischerbooten beansprucht. Diese Fischerboote am Haff haben alle eine typische Bauweise. Keine Kutter, sondern offene, motorisierte große Kähne sind das. Charakteristisch das extrem lange, schmale Schwert, das je nach Wassertiefe hochgezogen werden kann.

Die Versorgung ist sehr mäßig, Lebensmittel im Dorf, Wasser am Hafen.

Altwarp beansprucht für sich, der östlichste deutsche Hafen zu sein. In der Tat, ein sehr entlegener, auch merkwürdiger Ort. Schilf, Sumpf und Erlenwäldchen. Alles nicht ohne Reiz. Wer viel Zeit hat, soll ruhig hinfahren.

Unser nächster Hafen,

Kamminke

liegt fast gegenüber, am Nordufer des Haffs. Von Altwarp aus sind es gut neun Seemeilen. Von der gelben Grenztonne 9 an können wir uns immer entlang der Grenztonnen halten, wenn wir es nicht vorziehen, westlich davon im freien, tiefen Wasser unbeschwert dahinzusegeln. Wählen wir aber den Weg entlang den Grenztonnen, müßten wir bei der Nr. 33 auf Kurs NW gehen, um ein Flach sauber zu umfahren. Wir erreichen dann den Tonnenstrich, der zum Hafen führt. Es ist wichtig, die rote Spiere eben vor der Westmole sauber zu passieren, östlich und westlich davon ist es untief.

In den großen, weiten Hafen greift von Ost aus ein Flach hinein, mit dicht unter der Wasseroberfläche liegenden Steinen. Besser, man hält sich mehr zur Westmole hin. Vor der Nordkade sind zur Markierung dieses Flachs einige Holzpfähle gesteckt. Einlaufend muß man sie also an Steuerbord haben.

So groß der Hafen auch wirkt, viel Platz hat man nicht. Den ganzen Westteil beanspruchen die Fischer von Kamminke; an der Nordkade, wo wir uns einen Platz suchen, legt auch das weiße Fahrgastschiff an. Man hat vom Hafen aus einen weiten Blick über das Haff, liegt allerdings auch bei südlichen und östlichen Winden wenig geschützt. Die Versorgung ist – man mag es schon kaum mehr sagen – sehr mäßig.

Kamminke selbst aber, mit seinen vielen Reetdachhäusern, liegt sehr malerisch am Fuß eines steil ansteigenden Hügels.

Auch die nähere Umgebung ist beeindruckend: dichte, urtümliche Wälder, die sich bis zur Ostsee hinziehen.

Kamminke ist genauso gut oder genauso schlecht dazu geeignet, die

Insel Usedom

zu erkunden, wie jeder andere Hafen, denn Liegeplätze sind überall Mangelware. Usedom ist die zweitgrößte deutsche Insel, nach Rügen, und dies, obwohl der östlichste Teil polnisch ist, mit der Hafenstadt Swinemünde, die auf polnisch Świnoujście heißt. Welche Insel nun schöner ist, Rügen oder Usedom, ist ein sinnloser Streit. Jede hat ihre eigenen Reize.

Usedom war früher eine Insel von Bauern und Fischern. Die kleinen Häfen lagen alle an der Haffseite. Für den unwirtlichen, wenn auch feinsandigen Ostseestrand hatte sich lange niemand interessiert. Das änderte sich erst, als die Großstädter zur Sommerfrische kamen. Nun entstanden überall an der Küste Seebäder. Eines, *Zinnowitz*, hieß früher „Badewanne der Berliner", denn Berliner waren es hauptsächlich, die nach Usedom zur Erholung kamen. 1823 schon entstand das schönste Seebad auf Usedom, *Heringsdorf*. Der Name läßt nicht vermuten, daß es sich um ein hochelegantes Bad handelte, mit schönen, altmodisch-verschnörkelten weißen Hotels und Pensionen aus dem vorigen Jahrhundert. Ähnlich auch das nahe *Ahlbeck*, einfacher die ehemaligen Fischerdörfer wie *Zinnowitz, Koserow* oder *Ueckeritz*. Heringsdorf hat merkwürdigerweise, auch wenn die Pracht schon etwas abblättert, noch am ehesten seine elegant-altmodische Atmosphäre erhalten können. Bei anderen ist es nicht so, etwa in *Bansin*, einem ehemaligen Ferienobjekt der Stasi. Wie man überhaupt überall Feriensiedlungen aus DDR-Zeiten sehen kann. Meist stehen sie jetzt leer, weil die Betriebe, die sie für ihre Belegschaft errichtet haben, sie nicht mehr halten können. Auch das ist irgendwie Nostalgie.

Die Natur ist aber alles in allem wenig beschädigt worden. Die Insel ist immer noch grandios, mit ihren mächtigen Buchenwäldern, den großen Binnenseen, der romantischen Haffküste und dem weitgeschwungenen Sandstrand an der Ostsee entlang.

Nautische Unterlagen: *Sportbootkartensatz Nr. 3006 „Die Ostsee von Stralsund bis Oderhaff", „Verzeichnis der Leuchtfeuer und Signalstellen, Teil II: Ostsee, SW-licher Teil, und Gewässer zwischen Ost- und Nordsee", Nr. 2101.*

Polnische Häfen am Stettiner Haff

Obwohl die Grenze das Stettiner Haff in zwei Hälften teilt, bildet dieses Gewässer doch eine Einheit, wobei die östliche noch um einiges einsamer und unberührter ist als die westliche. Die Häfen östlich der Grenze zu fotografieren, war leider nicht möglich. Aber da mancher vielleicht doch Lust verspürt, in das östliche Haff zu segeln, seien hier die wichtigsten Häfen kurz beschrieben.

Neuwarp

wäre der nächste von Altwarp aus; er liegt am Ostufen des Neuwarper Sees, auf einer Halbinsel. Geringe Wassertiefen, 1,60 m vor dem Bollwerk, etwa 1,20 m an den Stegen. Der Hafen wirkt ähnlich wie Altwarp: verloren und am Ende der Welt.

Ziegenort

wird durch eine vorgelagerte Insel gut geschützt. In dem Kanal dahinter läuft allerdings ein Strom von vier Knoten seewärts. Also Vorsicht! Die Wassertiefen sind mit 4 m für hiesige Verhältnisse enorm, die Versorgungsmöglichkeiten so gut, daß man schon von einer Marina sprechen kann. In Ziegenort befindet sich ein Grenzkontrollpunkt, wo man einklarieren kann. Das erledigen hier auch kleinere Berufsschiffe, so daß manchmal ein ziemlicher Betrieb herrscht. Doch alles in allem: der beste Hafen in diesem Revier.

Wollin

liegt an der Ostseite der gleichnamigen Insel, an der Mündung der Dievenow. An der Westseite, kurz vor der Klappbrücke, Ankerbojen, wo man das Heck des Bootes festmacht (Wassertiefe 2 m). Man liegt damit quer zum Strom, der immerhin bis zu drei Knoten läuft. Also Vorsicht beim Festmachen. Die Versorgung in diesem kleinen Hafen ist mittelprächtig, das wird aber durch die gastfreundliche Aufnahme mehr als aufgewogen.

Etwas westlich von hier, halbwegs zum Delta der Odermündung, liegt

Kalkofen

am Vietzinger See, und zwar an dessen Ostufer. Es ist kein richtiger Hafen, sondern nur ein handtuchschmaler Einschnitt. Man liegt an der befestigten Südseite längsseits. Wassertiefe vorne 2 m, nach hinten rasch abnehmend. In der Einfahrt bestenfalls 1,60 m. Vorsicht bei der Ansteuerung: Der Steindamm an der Westseite setzt sich nach außen unter Wasser fort. Keine Versorgung, doch sehr schöne Umgebung. Empfehlenswert ein Spaziergang zum nahen Smaragdsee, der wegen seiner Wasserfärbung so heißt.

Von Stettin einmal abgesehen, ist größter Hafen am Haff der von

Swinemünde

das an der Swine liegt, dem Fluß, der Usedom und Wollin trennt. Aus dem Haff kann man die Stadt entweder durch den Kaiserkanal oder (schöner) durch die Alte Swine (pol. Stara Świna) anlaufen. Der kleine Yachthafen liegt fast schon an der Mündung, an der Westseite der Swine. Wer im Yachthafen nicht unterkommt, kann auch mitten in der Stadt an der Pier festmachen, wo es allerdings wegen des Schwells der vorbeiziehenden großen Schiffe sehr unruhig ist. Beim Yachthafen gibt es eine gewisse Versorgung, schon deshalb ist er immer vorzuziehen. Das übrige bekommt man in der mit ihren 50000 Bewohnern recht großen Stadt.

Allgemeines

Im östlichen Teil des Haffs muß man sehr sorgfältig fahren. Der starke Strom verändert immer wieder die Fahrwasser, auch die Wassertiefen außerhalb davon unterliegen Veränderungen. Die Karten können nicht so schnell berichtigt werden, sind also nicht genau genug. Dies gilt für die deutschen, noch mehr aber für die polnischen, die zwar einen größeren Maßstab aufweisen, aber relativ selten berichtigt werden. Man tut deshalb gut daran, sich von einheimischen Seglern Informationen zu beschaffen. Der Klönschnack am Steg ist hier meist informativer als jede nautische Literatur.

Wer nach Polen fährt, sollte in Karnin oder Ueckermünde ausklarieren, auf polnischer Seite *muß* er einklarieren: entweder in Swinemünde oder in Ziegenort.

Register

Erklärung: blaue Ziffer = Bildseite
schwarze Ziffer = Textseite

A

Achterwasser 104 112
Ahlbeck 125
Ahrenshoop 51
Althagen 32, 40 51
Altwarp 124
Anklam 106 113

B

Baabe 80, 84 96
Bad Doberan 29
Balmer See 105 113
Bansin 125
Barhöft 36 48, 72
Barth 36 49
Barther Bodden 49
Blevser Haken 75
Bliesenrade 50
Bock, Insel 57 47, 48
Boddengewässer 48
Bodstedt 40 50
Bodstedter Bodden 49
Boiensdorfer Werder 14 29
Borkenhagen 122
Borkensee 113
Born 50
Breege 60 75
Breeger Bodden 75
Breetzer Bodden 75

D

Dänholm 77
Darß 46
Darßer Ort 34 46
Dierhagen 42 52
Dornbusch 70 72, 74
Dranske 75
Dreilindengrund 102 110

E

Eggers Wiek 29

F

Fährinsel 74
Fischland 32
Freesendorfer Haken 98
Freest 90 99

G

Gager 87 97
Gehlsdorf 21, 22, 24
Gellen 74
Gellenstrom 57 47, 48
Glewitzer Wiek 94
Gnitz 112
Grabow 49
Greifswald 92, 93 98
Greifswalder Bodden 94
Großer Kirr 49
Große Wiek 14 29
Großstubber 94, 97
Groß Zicker 89 79, 97

H

Hagensche Wiek 97
Hannibal-Bank 26
Hartschaar 122
Having 96
Heiligendamm 29
Heringsdorf 125
Hiddensee 57 74
Hohe Düne 38 48
Hohen Wieschendorf 11 29
Hohen Wieschendorfer Huk 26
Hohe Schaar 112

J

Jägerbülten 50
Jasmunder Bodden, Großer 76
Jasmunder Bodden, Kleiner 76

K

Kalkofen 125
Kamighaken 122
Kamminke 124
Kap Arkona 71 76
Karlshagen 110
Karnin 108 113
Kielung 29
Kirchdorf 8 28
Kleiner Werder 49
Kleines Haff 122
Kleinstubber 94
Klein Zicker 87, 88 97
Kloster 58 74
Knaakrücken-Rinne 98, 99
Koppelstrom 40 50
Koserow 112, 125
Krakentief 26
Krienker See 113
Kröslin 110
Krumminer Wiek 112
Kubitzer Bodden 72
Kuhle 58 75

L

Landtief 79
Lassan 106 113
Lassaner Bucht 113
Lauterbach 82 94
Lebbiner Bodden 77
Lieps 26
Lietzow 61 76

M

Martinshafen 76
Meiningen, Brücke von 49
Moderort Rinne 112, 113
Mönchgut 80 79, 96
Mönkebude 118 123
Mukran 71 79

N

Nadelstrom 50
Nationalpark Vorpommersche Boddenlandschaft 53
Negenmark Rinne 111
Nepperminer See 105 113
Neuendorf 56 72
Neuwarp 125
Nordperd 79

O

Offentief 26
Oie, Insel 36 49

P

Peene 113
Peenemünde 110
Peenestrom 90 98, 99, 110
Permin 52
Poel, Insel 28
Prerow 38 49
Prerower Strom 38 49
Prorer Wiek 79
Puddemin 82 94
Putbus 95

R

Ralswiek 61, 62 76
Rassower Strom 75
Reddevitzer Höft 97
Repziner Haken 122
Rerik 14
Ribnitz-Damgarten 44, 45 52
Richtgraben 113
Rieck 112
Rostock 19, 21, 23, 24 30
Ruden, Insel 99
Rügen, Insel 54 72, 78, 79

S

Saaler Bodden 32, 40, 45 51
Saaler Riff 48, 51
Salzhaff 29
Saßnitz 71 78
Seedorf 84 96
Südperd 79
Swinemünde 125

Sch

Schaabe 75, 78
Schaprode 64 77
Schaproder Bodden 64 72
Schaproder Strom 77

St

Stagnieß 105 112
Stahlbrode 82 94
Stegort 29
Stettiner Haff 122
Stralsund 66, 68, 69 77
Strelasund 82 77, 94
Stubbenkammer 54 78

T

Thiessow 89 97
Thiessower Haken 79
Timmendorf 6, 8 29
Tonnenbank-Rinne 99
Trockenort 113
Tromper Wiek 78
Twelen 112

U

Udarser Wiek 77
Ueckeritz 125
Ueckerkopf 118 123
Ueckermünde 114, 120 123
Usedom, Insel 110, 124
Usedom, Stadt 116 123
Usedomer See 116 122

V

Vater Gentz 100, 108 113
Vieregge 75, 77
Vierendehlrinne 72
Vierow 99
Vilm, Insel 82 96
Vitte 57 73
Vitter Bodden 78

W

Waase 65
Walfisch, Insel 26
Warnemünde 16, 18, 19 30
Warnow 20
Warther Haken 112
Wendorf 10 26
Werder 113
Wieck, Boddengewässer 50
Wieck, Greifswald 90 97
Wiek, Rügen 58 75
Wieker Bodden 75
Wismar 11, 12, 13 26
Wismarer Bucht 14 26, 28
Wohlenberg 8 29
Wohlenberger Wiek 28, 29
Wolgast 102 110
Wollin 125
Wustrow (Boddengewässer) 42 51
Wustrow (Wismarer Bucht) 26

Z

Zecheriner Brücke 113
Zickersches Höft 86
Zickersee 88 97
Ziegelgrabenbrücke 78
Ziegenort 125
Zingst 38 49
Zingster Strom 49
Zinnowitz 104 112, 125

Von Jan Werner erschienen im Delius Klasing Verlag folgende Titel:
Nordseeküste 1: Cuxhaven bis Den Helder
Nordseeküste 2: Elbe bis Horns Rev
Holland mit dem Boot
Segeln in Dänemark 1
Segeln in Dänemark 2
Norwegen
Küste Mecklenburg-Vorpommern aus der Luft (Federau/Werner)
Ostseehäfen aus der Luft (Werner/Jahn)
Nordseehäfen aus der Luft (Werner/Jahn)
Holländische Häfen aus der Luft (Werner/Jahn)

Der Autor wie der Verlag übernehmen für Irrtümer, Fehler oder Weglassungen keinerlei Gewährleistung oder Haftung. Die Fotos dienen zur Orientierung und nicht zur Navigation; sie ersetzen also keineswegs See- beziehungsweise Wassersportkarten und andere nautische Unterlagen.

Die Deutsche Bibliothek – CIP-Einheitsaufnahme

Küste Mecklenburg-Vorpommern aus der Luft /
Bernt Federau
; Jan Werner. – 1. Aufl. – Bielefeld : Delius Klasing, 1992
ISBN 3-7688-0753-3
NE: Federau, Bernt; Werner, Jan

Zeichnungen: Jan Werner
Layout: Ekkehard Schonart
Lektorat: Ursel Müller-Seegers
Printed in Germany 1992
Lithographie: Scan Litho Technik, Bielefeld
Druck: Mohndruck, Gütersloh